Guía para Padres de Niños con TDAH

Desde pequeños a adolescentes:
descubra cómo responder
adecuadamente a diferentes
situaciones de comportamiento

Richard Bass

Índice

Introducción

No ser nadie más que uno mismo en un mundo que hace todo lo posible, día y noche, por convertirte en todo el mundo, significa librar la batalla más dura que puede librar cualquier ser humano.

—E.E. Cummings

Criar a un niño con TDAH no es fácil, y muchas veces los amigos y la familia, incluso los médicos y las enfermeras, no se dan cuenta de la cantidad de estrés a la que están sometidos los padres constantemente. Los niños con TDAH necesitan que se les vigile y se les reprenda, en lo que parece ser a cada minuto.

¿Puede contar cuántas veces al día tiene que girar la cabeza para ver qué más ha cogido su hijo, tirado al suelo, abierto, cerrado o roto? ¿O las luchas de poder en las que entras cada vez que intentas imponer disciplina?

Lo peor es que, por desgracia, muchos libros para padres no tienen en cuenta los síntomas específicos del TDAH a la hora de instruir a los padres sobre cómo comunicar, educar y disciplinar a sus hijos hiperactivos e impulsivos. Esto significa que, en la mayoría de los casos, usted tendrá que experimentar con sus propias estrategias y descubrir la mejor manera de ayudar a su hijo a autorregularse.

A este estrés se añade la dinámica malsana que se crea en casa y en el colegio cuando tu hijo pequeño lucha por tener interacciones positivas con los miembros de la familia, los profesores del colegio y los compañeros de clase. La combinación de ser impulsivo y tener habilidades sociales poco desarrolladas hace que les resulte más difícil controlar las emociones fuertes, leer las señales sociales o empatizar con los demás.

Como mecanismo de afrontamiento, su hijo frustrado puede recurrir a comportamientos perturbadores como hacer berrinches, decir cosas inapropiadas o agredir físicamente a los demás porque se siente desoído e invalidado. Por desgracia, estos comportamientos perturbadores son a los que mucha gente se refiere cuando califica el TDAH de "problema de conducta" en lugar de trastorno neurológico.

Entonces, ¿qué hacer cuando su hijo presenta estos problemas de desarrollo y la crianza empieza a parecerle una batalla perdida? Bueno, la respuesta no es rendirse con ellos -o con usted mismo como padre- sino someterse lentamente al proceso de cambiar su percepción del TDAH y su efecto en el desarrollo de su hijo.

El Dr. Stuart Shanker, autor de *Self-Reg*, cree que no existe un niño malo, sino un niño que no ha aprendido técnicas de autorregulación. En su libro escribe: "Mira a un niño de forma diferente, y verás a un niño diferente" (Shanker & Barker, 2017). Este consejo es válido para la crianza de niños con

TDAH, pero también puede aplicarse a otros ámbitos de la vida.

Lo que usted cree sobre su vida, su trabajo, su salud o su hijo determina sus actitudes, decisiones y enfoque general hacia ellos. Si eliges ver a un niño problemático, no importa cómo se comporte (incluso cuando muestre comportamientos típicamente traviesos), responderás con menos empatía.

Sin embargo, si intenta comprender a su hijo y separar el "niño" del "trastorno", puede animarse a ver a un niño diferente: Un niño que nació con un cerebro único y que necesita apoyo y orientación adicionales para aprender lo que es natural para otros niños.

Cambiar su percepción sobre el TDAH y su impacto en su hijo no cambiará el mundo, ni la forma en que los demás interactúan con su hijo, pero puede aumentar positivamente su propia sensación de bienestar, calmar sus miedos y capacitarle para crear un entorno seguro, en el que su hijo pueda prosperar.

La verdad es que ser padre no es fácil, y mucho menos cuando se está criando a un niño con una discapacidad. Usted ya está haciendo lo mejor que puede y, a lo largo de este libro, se le enseñará cómo ir más allá y responder positivamente a las necesidades de su hijo. Aunque la hiperactividad y la impulsividad pueden ser perturbadoras, también son manejables, y pueden potencialmente revelar fortalezas que son únicas de los niños con TDAH, tales como estar orientados a objetivos, ser hiperconcentrados, pensadores creativos y ¡energéticos!

La lectura de este libro le ayudará a tener un nuevo par de ojos para poder ver a su hijo de forma diferente. También le proporcionará estrategias prácticas y adecuadas a su edad para ayudar a su hijo a controlar el estrés, resistir reacciones emocionales extremas y adaptarse positivamente a las expectativas sociales en diferentes contextos (por ejemplo, en casa y en la escuela).

Capítulo 1:

Criando a su rayo de luz

Todo el mundo es un genio. Pero si juzgas a un pez por su capacidad para trepar a un árbol, vivirá toda su vida creyendo que es estúpido.

—Albert Einstein

¿Qué tipo de TDAH tiene su hijo?

Tu hijo tiene TDAH. Pero, ¿qué significa eso exactamente? En primer lugar, significa que forma parte del 9,4% de niños de EE.UU. a los que se ha diagnosticado una afección neurológica crónica que afecta a su aprendizaje, sus emociones y su comportamiento. En segundo lugar, como son varones, tienen más probabilidades de desarrollar un TDAH hiperactivo-impulsivo, que se caracteriza típicamente por comportamientos hiperactivos e impulsivos.

En el libro hermano, *Gaia Para Padres de Niñas con TDAH*, (exploramos el TDAH inatento, el segundo tipo de TDAH que afecta principalmente a las mujeres. Sin embargo, es importante destacar que tanto los niños como las niñas pueden presentar ambos tipos de TDAH. Para los fines de este libro, analizaremos las formas en que el TDAH hiperactivo-impulsivo afecta a los niños de 3 a 17 años.

Cuando un médico dice que su hijo presenta síntomas de hiperactividad e impulsividad, ¿qué quiere decir realmente? La hiperactividad es el estado de actividad constante, hasta el punto de no poder estarse quieto ni concentrarse. Algunos de los signos de hiperactividad pueden empezar a aparecer cuando su hijo está en preescolar, pero son claramente visibles cuando llega a la escuela secundaria. Estos signos pueden incluir:

- inquietud al sentarse en una silla

- levantarse con frecuencia para pasear o jugar

- trepar por objetos como mesas o sofás

- le cuesta jugar en silencio o realizar actividades tranquilas como leer o hacer los deberes

- hablar en exceso y, a menudo, por encima de los demás

Los comportamientos hiperactivos tienden a ser más perturbadores en los niños más pequeños debido a su incapacidad para autorregularse. Pueden tener dificultades para estarse quietos, escuchar cuentos o participar en actividades de grupo. Cuanto mayores son los niños, mejor controlan la hiperactividad. Los adolescentes, por ejemplo, pueden permanecer sentados durante la clase, pero mostrar signos de inquietud.

La impulsividad, por su parte, es el acto de hacer algo sin pensar en las consecuencias. En la mayoría de los casos, la impulsividad se desencadena por un impulso o una emoción fuerte que se siente abrumadora y no puede contenerse. Entre los signos de impulsividad se incluyen:

● impaciencia; dificultad para compartir o respetar turnos

● interrumpir a los demás mientras hablan

● tener reacciones emocionales fuertes cuando se está disgustado

● soltar respuestas antes de oír la pregunta completa

● gritar, insultar o decir cosas inapropiadas

La combinación de hiperactividad e impulsividad puede provocar accidentes o comportamientos perturbadores. Por ejemplo, si se sube a la isla de la cocina, puede caerse y hacerse daño. O cuando está sobreestimulado en público, puede tener un berrinche.

Además, su incapacidad para autorregularse puede interferir en su capacidad para aprender y establecer relaciones sólidas con los demás. En algunos casos, estos síntomas pueden ser signos precoces de trastornos concurrentes como el trastorno negativista desafiante (TOD). Las investigaciones muestran que entre el 45 y el 84% de los niños con TDAH cumplen los criterios diagnósticos del TOD (Connor & Doerfler, 2009).

Sin embargo, no todos los comportamientos desafiantes apuntan necesariamente a un TOD. La principal diferencia entre ambos trastornos es la siguiente: El niño con TDAH se desencadena por estímulos de su entorno y se altera, mientras que el niño con TOD puede buscar intencionadamente oportunidades para portarse mal y saltarse las normas.

Ver la hiperactividad y la impulsividad de forma diferente

Cuando se piensa en hiperactividad e impulsividad, pueden venir a la mente las siguientes palabras:

- caos

- problema

- intolerable

- peligroso

- maleducado

- incontrolable

Aunque todas estas son formas aceptables de ver estos síntomas, también hay otra forma de verlos que puede ayudarle a entender mejor a su hijo. Sin embargo, antes de compartir la perspectiva alternativa, es importante señalar que todos los niños se portan mal de vez en cuando, tanto si están diagnosticados de TDAH como si no.

Todos los padres pasan por los "terribles dos años" y la "fase de la adolescencia de 3 años", cuando un niño pequeño se comporta como un terrorista. Te verás diciendo "no" cien veces al día, poniendo todo tipo de caras de enfado y sacando y metiendo a tu hijo en el recreo, pero no verás ningún cambio en su comportamiento.

Estos comportamientos desafiantes son normales a esa edad porque tu hijo aún está aprendiendo lo que es un comportamiento aceptable e inaceptable. No es que sea "malo", es que es un niño pequeño.

Del mismo modo que podemos empatizar con un niño pequeño siendo un niño pequeño, también podemos empatizar con un niño pequeño que muestra signos de TDAH. En el núcleo de la hiperactividad y la impulsividad no está el caos o la disfunción, sino el exceso de energía. Según el Diccionario Merriam-Webster (2019), la energía es la capacidad de actuar o estar activo. Es la compulsión interior que motiva a un niño a actuar hacia un objetivo deseado.

Mostrar mucha energía es normal en los niños. La única diferencia con un niño diagnosticado de TDAH es que la liberación de energía no parece tener fin. Desde que se despierta hasta que se acuesta, está en constante movimiento.

La liberación excesiva de energía se vuelve "caótica" cuando empieza a resultar abrumadora para su hijo. Esto suele ocurrir cuando su hijo se siente estresado o ansioso. Lo que mucha gente no sabe es que los niños con TDAH son propensos al estrés y la ansiedad debido a la enorme cantidad de adrenalina que bombea su cuerpo de forma continua. Incluso cuando su entorno externo está en calma, la avalancha de pensamientos y emociones en su mente puede desencadenar ansiedad y producir un subidón de energía.

La mejor manera de evitar el caos es ayudar a tu hijo a liberar su abundante energía de forma segura. No liberar esta energía de forma segura, y a través de comportamientos positivos, puede conducir a actos de agresividad como lanzar objetos, gritar o estallidos emocionales incontrolables.

Lo que el niño intenta comunicar a través de estos comportamientos perturbadores es que se siente abrumado y desea una sensación de control. Los niños pequeños, incluso los adolescentes, no siempre entienden lo que ocurre dentro de su cuerpo cuando necesitan una descarga de energía. Lo único que saben es que se sienten incómodos y que deben hacer algo para aliviar la presión.

Canalizar la energía de su hijo hacia actividades positivas

La abundante energía de tu hijo puede ser vista como un problema o una oportunidad, dependiendo del enfoque que le des. Cuando notes que tu pequeño está corriendo por toda la casa, puede ser un buen momento para llevarlo al aire libre.

El objetivo es ayudarles a liberar parte de esa energía a través actividades positivas. La oportunidad consiste en enseñarles habilidades creativas, de desarrollo motor, de resolución de problemas, de coordinación y de autorregulación mientras realizan actividades divertidas.

A continuación encontrará una lista de actividades positivas que pueden ayudar a su hijo a quemar energía:

1. Participar en actividades físicas

El NHI recomienda que los niños a partir de cinco años realicen al menos 60 minutos diarios de actividad física de moderada a intensa. Hay distintos tipos de actividad física que pueden gustarle a su hijo, como jugar a correr (por ejemplo, a la mancha, a la luz roja, a la luz verde, etc.), saltar en una cama elástica o practicar algún deporte. Algunos niños hiperactivos disfrutan los deportes de contacto y de ritmo rápido, como el fútbol, el baloncesto o el kárate, mientras que otros prefieren los deportes solitarios, como el tenis o la natación.

2. Voluntario

Otra actividad positiva es se voluntario. Lo bueno de esta actividad es que tu hijo puede elegir el tipo de causa social que quiere apoyar y cómo le gustaría ayudar. Por ejemplo, si su hijo es un amante de la naturaleza, puede pasear por la calle en busca de basura que tirar. Si le gusta cocinar, puede preparar paquetes de sopa en casa y luego llevarlos juntos a un albergue local. Con ser voluntario, tu hijo también conseguirá desarrollar habilidades sociales y mejorar su inteligencia emocional.

3. Inscriba a su hijo en clases creativas

Las investigaciones demuestran que los niños con TDAH son pensadores divergentes increíblemente dotados. Se inclinan por tareas como la construcción de nuevos objetos (proyectos de manualidades), la lluvia de ideas, la creación de obras de arte únicas y el uso de su imaginación. Busque clases creativas para niños en las que pueda inscribir a su hijo, para que pueda liberar energía a través de la estimulación mental.

4. Pasar más tiempo al aire libre

Estar en la naturaleza tiene un efecto calmante sobre la mente y puede mejorar el estado de ánimo general. Los niños hiperactivos que juegan al aire libre tienen una salida segura para liberar el estrés y la ansiedad, y regular su sistema nervioso. Organice actividades divertidas al aire libre para usted y su hijo y pídales que le ayuden a prepararlas. Algunos ejemplos de actividades divertidas son hacer un picnic, acampar, realizar tareas de jardinería o pasear al perro.

5. Asigne a su hijo tareas adecuadas a su edad

Otra forma positiva de liberar energía es asignar a tu hijo tareas apropiadas para su edad. No sólo es una forma estupenda de enseñar a tu hijo la importancia de colaborar y seguir instrucciones, sino que también puede aumentar su autoestima y crear un elemento de diversión. Los niños hiperactivos pueden ser más receptivos a las tareas si se presentan como competiciones, así que crea retos de tareas y asegúrese de tener preparadas las recompensas.

Los niños con TDAH necesitan actividades más estimulantes y creativas para sentirse tranquilos y equilibrados. Busque formas de incorporar algunas de las actividades mencionadas anteriormente a la rutina diaria de su hijo. Recuerde que 60 minutos es la cantidad mínima de actividad física diaria recomendada para los niños. Utilícelo como punto de referencia a la hora de estructurar la rutina de su hijo.

Ayude a su hijo a liberar tensiones emocionales

No todos los niños con TDAH se sienten cómodos expresando sus emociones. Algunos optan por interiorizar sus sentimientos fuertes, en lugar de liberarlos abiertamente. Esto puede deberse a las expectativas culturales que obligan a los chicos a "endurecerse" y evitar las muestras visibles de emoción.

Los niños pequeños y los preescolares pueden tener la carga añadida de no ser capaces de verbalizar lo que sienten, lo que puede ser extremadamente frustrante para ellos. Para comunicar lo que sienten, pueden llorar con frecuencia o mostrar agresividad física.

Algunos chicos, sobre todo los adolescentes, pueden llevarlo al extremo y desprenderse por completo de sus emociones. Para los espectadores, esto puede hacerles parecer insensibles o ensimismados. Sin embargo, si lo miras desde su perspectiva, es simplemente un acto de autopreservación.

Imagina que te inundaran emociones intensas, pero que no pudieras dar muestras de ellas. Para reducir la intensidad, ¿no desconectarías de tus sentimientos hasta que encontraras una forma mejor de gestionarlos?

Si sospecha que su hijo puede estar reprimiendo sus emociones, es importante intervenir. Algunos de los signos físicos a los que debe prestar atención son las quejas por dolor de estómago, dolores de cabeza o falta de apetito. También puede notar que la autoestima de su hijo ha bajado. Por ejemplo, puede que le cueste hacer amigos, prefiera estar solo, tienda a evitar nuevos retos o tenga una percepción negativa de sí mismo.

Recuerda que las emociones también conllevan energía; por eso es vital que tu hijo aprenda distintas formas de expresar cómo se siente y liberar tensiones. Enseñar a tu hijo a expresar sus emociones consiste en equiparle con el lenguaje adecuado y crear un espacio emocional seguro que permita la vulnerabilidad.

A continuación se exponen cinco estrategias útiles para chicos de todas las edades:

1. Juego de rol

Plantea situaciones reales que desencadenen emociones fuertes. Las situaciones deben ser sencillas y acordes con la edad y el estilo de vida del niño. Por ejemplo, puedes pedirle que imagine que no le dejan jugar fuera, que le grita un profesor o que tiene dificultades para hacer los deberes.

Hazles preguntas como qué pensamientos pasarían por su mente, qué sensaciones fluirían por su cuerpo y qué emociones sentirían. Ayuda a los niños pequeños a verbalizar sus emociones teniendo tarjetas con diferentes etiquetas y fotos de emociones.

2. Estudiar las expresiones faciales

Compra unas cuantas revistas y libros ilustrados y repásalos todos buscando distintos tipos de expresiones faciales. Detente ante cada rostro y pregunta a tu hijo qué emoción ve. Si aún no es capaz de verbalizar las emociones, ten a mano una baraja de tarjetas. Dependiendo de la madurez de tu hijo, puedes ir un paso más allá y pedirle que imagine por qué la persona se siente así, y qué pistas en el fondo lo delatan.

3. Expresar emociones de forma creativa

Algunos niños disfrutan expresándose a través del arte. Si su hijo parece estresado o tenso, puede sacar algunos materiales artísticos, como una hoja grande de papel, lápices de colores y rotuladores, y pedirle que dibuje lo que siente. Este ejercicio creativo puede ayudar a tu hijo a procesar y liberar emociones fuertes, y a marcharse sintiéndose aliviado. Además de dibujar, los chicos mayores pueden disfrutar creando poesía, letras de canciones o un número de baile para expresar lo que sienten. Muéstrate abierto a distintas formas de expresión artística.

4. Diario

Escribir un diario es una técnica terapéutica más adecuada para niños mayores, capaces de reflexionar sobre sus pensamientos y sentimientos. Cómprele a su hijo un cuaderno y anímele a escribir sobre acontecimientos estresantes que le ocurran en la vida, como ser rechazado por sus amigos, suspender un examen, discutir con los profesores, etc. Escribir un diario es una forma positiva de que tu hijo libere frustraciones y dé sentido a sus propias experiencias vitales.

5. Modelar comportamientos positivos

Enseñe a su hijo a gestionar las emociones fuertes mostrándole comportamientos positivos. Sea consciente de cómo gestiona usted el estrés y la ansiedad, así como de lo que dice cuando está enfadado. Tenga en cuenta que su hijo reflejará su comportamiento. Por ejemplo, si quiere que sea más abierto sobre lo que siente, comparta con él cómo se siente usted cuando algo le molesta. También es importante que su hijo le vea practicar estrategias de afrontamiento saludables, como tomarse tiempo para sí mismo, practicar ejercicios de respiración, escuchar música o leer un libro.

Para que tu hijo se sienta cómodo con sus propios sentimientos, tú debes sentirte cómodo aceptando los tuyos. Dedica algún tiempo a explorar tus propias emociones y a identificar las situaciones que te provocan estrés y ansiedad. Examina a fondo esas situaciones y averigua qué es exactamente lo que desencadena tus emociones fuertes. ¿Podría haber miedos o traumas subyacentes que siguen activos en el trasfondo de tu vida? Sigue explorando tus emociones hasta que seas capaz de aceptarlas , en lugar de evitarlas.

Recarga las pilas para afrontar mejor la situación

Criar a niños con mucha energía puede ser agotador para los padres. Tomarse descansos regulares para descansar y recargar las pilas debe ser algo que se haga a menudo para evitar el agotamiento de los padres. Sí, el agotamiento de los padres existe. Se puede describir como el estado de agotamiento físico, mental y emocional debido a las responsabilidades de la crianza. Los primeros signos son:

- fatiga crónica

- estrés crónico

- cambios en los hábitos alimentarios y de sueño

- falta de motivación

- aislamiento

- sentimientos de inadecuación

- desapego emocional

El agotamiento de los padres no es un fenómeno nuevo; sin embargo, los médicos por fin tienen un nombre para él. Durante siglos, se ha considerado "normal" que las madres se ocuparan más que los padres del cuidado de los hijos. Pero ahora que cada vez más mujeres se incorporan al mercado laboral y tienen que conciliar la crianza de los hijos con otras responsabilidades profesionales, domésticas y económicas, son vulnerables al estrés y la ansiedad.

Según la psicóloga Martha Horta-Granados, los padres con escasas estrategias de afrontamiento, baja resiliencia y baja tolerancia a la frustración tienen más probabilidades de sufrir agotamiento parental (Zapata, 2021). Para prevenir el burnout, es crucial que los padres reconozcan los primeros signos y síntomas, y practiquen estrategias de afrontamiento positivas, tales como:

1. **Conozca los primeros signos de alerta**

Suele haber síntomas físicos y emocionales tempranos de estrés que aparecen antes de que se desencadene. Por ejemplo, puedes notar que te sientes irritable, nervioso o desanimado sin una explicación razonable. O, de repente, se le acelera el ritmo cardíaco, se marea o le cuesta concentrarse. Al hablar con su hijo, puede mostrarse impaciente o crítico.

En el momento en que reconozcas estos primeros síntomas de estrés, es importante que dejes de hacer lo que estés haciendo y te tomes un tiempo para calmarte.

2. **Programar descansos diarios**

Cuando se cría a un niño con TDAH, los descansos diarios son esenciales. Del mismo modo que tu hijo necesita una válvula de escape para liberar energía, tú necesitas tiempo a solas para recargarte. Programe descansos diarios de cinco minutos en su rutina para dedicarse un momento a relajarse. Estos descansos pueden hacerse cuando su hijo esté ocupado comiendo, durmiendo la siesta, jugando, en el colegio o trabajando en sus propios deberes.

3. **Planifique con antelación los momentos estresantes del día**

Cada padre tiene un momento específico del día en el que sus niveles de estrés parecen alcanzar su punto máximo. Para algunos, puede ser por las mañanas, cuando preparan a sus hijos para ir al colegio, y para otros puede ser por las tardes, cuando luchan por conseguir que sus hijos se sienten y hagan los deberes. Tener un plan bien pensado sobre cómo gestionar ese estresante periodo del día puede reducir la ansiedad y la frustración.

Por ejemplo, si tu hijo se enfrenta en luchas de poder cada vez que llega la hora de los deberes, puedes hacer que empiece con los deberes nada más al volver del colegio (después de comer) y que el recreo sea una recompensa. El límite sería: Si puede sentarse 20 minutos y hacer los deberes, tendrá una hora para jugar fuera (o participar en una actividad sorpresa que hayas planeado).

4. Mejore sus hábitos de sueño

Las investigaciones demuestran que los padres y los niños que duermen lo suficiente son más resistentes cuando se enfrentan a retos (Gordon & Barnes, 2020). Como padre, cuando descansas bien puedes pensar con claridad y responder mejor a las necesidades de tu hijo. La cantidad diaria de sueño recomendada en EE.UU. es de 7 a 9 horas. Decida cuál es su hora ideal para despertarse y cuente hacia atrás para saber a qué hora debe acostarse.

Para mejorar los hábitos de sueño no basta con respetar un horario, también hay que tener en cuenta la forma de relajarse antes de acostarse. Si es posible, dedique entre 30 y 60 minutos antes de acostarse a actividades relajantes, como beber té de manzanilla, leer un libro, escuchar música suave o sentarse en el jardín. Evite las bebidas con cafeína y alcohol o los tentempiés azucarados, ya que pueden mantenerle despierto por la noche o perturbarle el sueño.

5. Practicar la respiración profunda

La respiración abdominal, también conocida como respiración profunda, es una técnica de relajación que puede reducir al instante la sensación de estrés y ansiedad. El objetivo es respirar más profunda y lentamente para que llegue más oxígeno al cerebro. Un ejercicio respiratorio sencillo de practicar es la respiración en caja. Imagina que cada inhalación y exhalación dibuja el contorno de una caja. Empieza inhalando lentamente durante tres cuentas, haz una pausa de otras tres cuentas, exhala lentamente durante tres cuentas y aguanta la respiración durante las tres cuentas finales. Repite este patrón hasta que te sientas tranquilo.

6. Ríete a carcajadas

Es posible que usted sea una persona que guarda el estrés en la cara y tiende a apretar las mandíbulas, tensar los labios o fruncir el ceño con frecuencia. Sonreír y reír puede ayudarle a aliviar la tensión facial, reducir las hormonas del estrés e influir positivamente en su estado de ánimo. Aprenda a encontrar el humor en las dificultades cotidianas de la vida riéndose de sí mismo, riéndose con su hijo y encontrando formas de aportar un poco de alegría a las tareas diarias. Conecte con su niño interior y sea espontáneo a la hora de interactuar y jugar con su familia. Puedes gastar unos cuantos chistes, gastar bromas divertidas y hacer que el tiempo de unión familiar sea algo que se espera con impaciencia.

7. Reactiva tu vida social

Ser padre es un trabajo a tiempo completo, pero no tiene por qué ocupar la mayor parte de tu vida. Piensa en la paternidad como uno de los muchos sombreros que llevas. Además de padre, también eres hijo, hermano, colega, cónyuge y amigo de alguien. Con una mejor gestión del tiempo, puedes encontrar formas de revitalizar tu vida social e invertir en estas importantes relaciones.

Por ejemplo, cada semana o cada dos semanas, puede salir con su pareja, tomar un café con un amigo o planear una actividad en la que participe toda la familia. Puesto que estás criando a un niño con una discapacidad, también puede ser estupendo ponerte en contacto con otros padres que compartan experiencias de crianza similares y puedan ofrecerte orientación y apoyo emocional. En Internet encontrará numerosos grupos y foros de apoyo al TDAH de los que puede formar parte.

Conclusiones del capítulo

- Los chicos tienen más probabilidades de que se les diagnostique un TDAH hiperactivo-impulsivo, que, entre otros síntomas, les dificulta permanecer sentados y regular sus emociones.

Cuando estos síntomas no se controlan, pueden causar muchos trastornos en casa y en el colegio. Para frenar las alteraciones, puedes ayudar a tu hijo a encontrar formas de liberar la abundante energía que guarda en su interior.

- No sólo es importante ayudarles a liberar la tensión física, también puedes enseñarles a liberar la tensión emocional. Como a muchos chicos con TDAH les cuesta verbalizar sus emociones, en parte debido a las expectativas culturales, fíjate en los signos de supresión emocional y preséntales formas sencillas y creativas de liberar las emociones fuertes.

- Criar a un niño con TDAH puede ser agotador y los padres -especialmente las madres- son más vulnerables al agotamiento parental. Para evitarlo, es importante dar prioridad al bienestar y tomarse descansos regulares a lo largo del día.

Capítulo 2:

El desencadenante número uno que dispara a su hijo

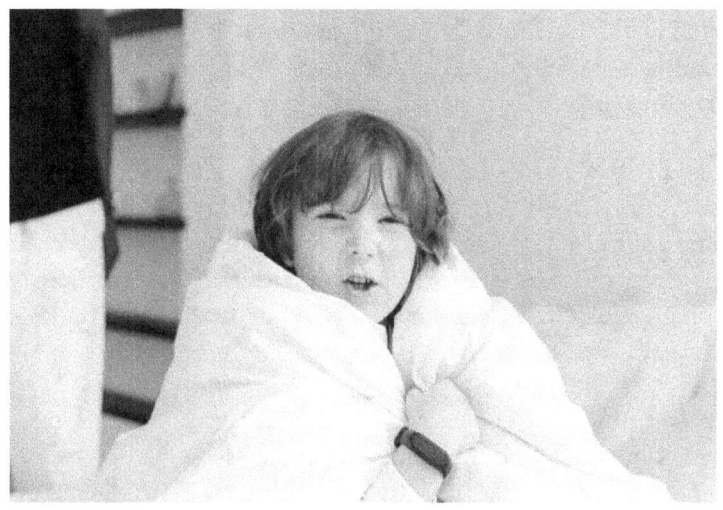

La alta estimulación es a la vez emocionante y confusa para las personas con TDAH, porque pueden sentirse abrumadas y sobreestimuladas fácilmente sin darse cuenta de que se están acercando a ese punto.
—Jenara Nerenberg

¿Qué es la sobreestimulación?

Imagínese caminando en un centro comercial grande, con ecos de miles de voces, durante la hora más concurrida del día, teniendo muy poco aire acondicionado, y estando lejos de la salida. Una palabra que podría describir tu experiencia es pánico, y curiosamente, el pánico es un estado comúnmente sentido por los chicos con TDAH.

Esto se debe a un fenómeno denominado *sobreestimulación*, que se produce cuando el cerebro del TDAH está sobrecargado de información sensorial. A diferencia de los cerebros típicos, no está preparado para procesar mucha información sensorial a la vez. Por ejemplo, pasear por un parque tranquilo en un día nublado puede ser relajante para su hijo. Pero en cuanto se añaden la luminosidad del sol de mediodía, los sonidos de niños gritando y los olores desagradables procedentes del camión de la basura cercano, la experiencia se vuelve abrumadora.

Cuando su hijo está sobreestimulado, se desencadena su respuesta natural al estrés. En cuestión de minutos, su comportamiento puede pasar de relajado a irritado e incómodo. Lo que muchos padres no saben es que, durante la sobreestimulación, las defensas del niño suben y su entorno se siente amenazador.

Piense en el terror que invade la cara de un bebé cuando oye un golpe repentino y, durante esas décimas de segundo, cree que su vida corre peligro. Este mismo miedo y sensibilidad es lo que siente un niño con TDAH cuando está sobreestimulado. La forma en que los niños reaccionan cuando están sobreestimulados varía. Algunos niños pueden mostrarse visiblemente inquietos y a la defensiva. Su impulsividad saca lo mejor de ellos y pueden gritar, maldecir o volverse físicamente agresivos. Otros se aíslan o evitan deliberadamente las situaciones que pueden ser desencadenantes, como el patio de recreo, los espacios luminosos al aire libre, como la playa, los centros comerciales o el cine.

También merece la pena descubrir para qué tipos de estímulos sensoriales su hijo tiene una tolerancia baja, porque muchas veces puede descubrir que hay un tipo específico de estímulo sensorial que no tolera. Por ejemplo, algunos niños con TDAH pueden no tener problemas con los ruidos fuertes, pero son extremadamente sensibles al tacto. Llevar ciertos tejidos, caminar descalzo o ser abrazado o besado son algunas de las cosas que pueden hacerles sentir profundamente incómodos. Sólo si observas a tu hijo podrás saber más sobre sus desencadenantes.

Ayude a su hijo a identificar los desencadenantes sensoriales

Cuando los problemas de procesamiento sensorial no se abordan, pueden afectar a la sensación de comodidad y seguridad de su hijo e interferir en su funcionamiento diario. Por ejemplo, que un profesor le grite puede ser tan molesto que le dificulte concentrarse en el colegio.

Tampoco es saludable que tu hijo esté en modo "lucha o huida" durante un periodo de tiempo prolongado. No sólo puede comprometer su sistema inmunológico (haciéndolo susceptible a enfermedades físicas), sino que también puede empeorar sus síntomas de TDAH.

Desde una edad temprana, puede ayudar a su hijo a identificar sus desencadenantes sensoriales. Puede ser tan sencillo como tener un cuaderno a mano y anotar las sensaciones habituales que le resultan incómodas.

Más adelante, puedes enseñarles a evitar sus desencadenantes mediante la autodefensa. Por ejemplo, puedes enseñarles a rechazar educadamente un bocadillo de mantequilla de cacahuete en casa de un amigo porque no les gusta el olor o el sabor de los cacahuetes, o a establecer límites físicos para no recibir abrazos no deseados.

A continuación encontrará una lista de desencadenantes sensoriales habituales y algunas formas de controlarlos:

Sensibilidad táctil

Cuando su hijo es sensible al tacto o a las texturas, la "sensación" de los objetos o el contacto personal con otra persona pueden incomodarle. Algunos desencadenantes habituales son:

- textura de determinados alimentos y tejidos

- contacto personal no deseado

- sensación de que alguien les cepille el pelo

- tocar cosas que se les pegan a las manos

Controle este desencadenante yendo a comprar ropa con su hijo y pídale que se pruebe distintos tipos de tejidos. Si es sensible a las etiquetas de la ropa, córtelas cuidadosamente con unas tijeras. En cuanto a las texturas de ciertos alimentos, prepare diferentes comidas en casa y observe qué ingredientes deja su hijo en el plato o escupe.

Sensibilidad sonoro-auditiva

La sensibilidad al sonido puede hacer que su hijo reaccione a distintos tipos de ruidos. No tiene por qué ser necesariamente un ruido fuerte, aunque es frecuente. En general, se trata de cualquier sonido que a su hijo le resulte desagradable. Algunos de los desencadenantes más habituales son:

- volumen alto en la radio, la televisión, etc.

- oír ladrar a los perros

- fuegos artificiales

- oír a alguien masticar o sorber

- estar en un centro comercial, fiesta o restaurante ruidoso

Puedes controlar este desencadenante comprando un par de tapones para los oídos o auriculares con cancelación de ruido para bloquear los sonidos. A veces, sobre todo cuando su hijo está en público, puede que tenga que entender su necesidad de llevar auriculares. Tal vez pueda establecer límites sobre cuándo es apropiado o inapropiado llevar auriculares. (Por ejemplo, pasear por el centro comercial con auriculares es apropiado, pero no lo es cuando están en compañía de amigos o cuando un profesor está dando una clase).

Sensibilidad visual

Su hijo puede ser sensible a la luz y a los colores vivos y brillantes, o a estar en un entorno desordenado. En general, prefieren estar en espacios ordenados, organizados y poco recargados. Entre los desencadenantes más comunes se incluyen:

- luces brillantes

- videojuegos

- dibujos animados y otros programas de televisión

- entorno desordenado (incluido un lugar sucio)

Algunas de las formas de controlar los factores desencadenantes incluyen animar a su hijo a llevar un sombrero o un par de lentes de sol siempre que juegue al aire libre, sustituir las bombillas fluorescentes por luces tenues en toda la casa (o al menos en el dormitorio de su hijo) y controlar el tiempo que su hijo pasa frente a la pantalla (imponiendo restricciones para determinados programas sobreestimulantes).

Sensibilidad olfato-olfativa

Los olores diferentes, inusuales o fuertes pueden resultar desagradables para un niño especialmente sensible a los olores. Esto también significa que pueden captar olores persistentes en el aire que otros no perciben. Algunos de los desencadenantes más habituales son:

- perfumes y colonias fuertes

- humo de cigarrillo

- humos de un cubo de basura

- determinadas especias o ingredientes alimentarios

Puede controlar estos desencadenantes identificando qué tipos de olores le resultan desagradables a su hijo. Preste atención a las fragancias que permanecen en la casa, las flores y las especias con las que cocina. También puede juzgar en función de cómo reacciona su hijo. Por ejemplo, si se pellizca la nariz o tiene ganas de vomitar, fíjese en dónde está y qué tiene en la mano o cerca de el.

Sensibilidad al gusto

Por último, su hijo puede ser sensible al sabor de determinados alimentos o bebidas. Si es así, lo más probable es que se niegue a comerlos. Tenga en cuenta que no se trata del típico caso de negarse a comer verduras, sino más bien de ser sensible al asco a ciertos alimentos. Los desencadenantes más comunes son:

- comida caliente (temperatura)

- comida caliente (picante)

- alimentos fríos (temperatura)

- alimentos dulces, ácidos o salados

- alimentos texturizados (es decir, en puré, crujientes o pegajosos)

Una de las formas de distinguir entre los alimentos que no le gustan a tu hijo y aquellos a los que es sensible es observar sus reacciones. Si no le gusta un determinado ingrediente o alimento, puede empujarlo por el plato, sacarlo de un bocadillo o comer pequeñas cantidades; sin embargo, cuando es sensible a él, puede llorar o asustarse cuando lo ve en su plato.

¿Qué ocurre cuando su hijo quiere más (y no menos) estímulos sensoriales?

Otros niños con TDAH pueden tener un tipo diferente de problema de procesamiento sensorial. En lugar de buscar menos estímulos sensoriales, buscan más. Por ejemplo, pueden disfrutar tocando cosas o siendo cariñosos con la gente. También pueden tener una tolerancia de dolor alto y prefieren jugar bruscamente con otros niños, sin darse cuenta de que les están haciendo daño.

A continuación se ofrecen algunos ejemplos de comportamientos de búsqueda sensorial:

- disfrutar con juegos que implican ensuciarse (por ejemplo, pintar con las manos, dar volteretas en el barro)

- masticar la ropa

- chocar con la gente

- lamber o masticar objetos no comestibles

- frotar el cuerpo contra las paredes

- girando en círculos

- disfrutar de la luz del sol, las luces estroboscópicas y los objetos brillantes

- le gusta estar en lugares concurridos y ruidosos

- disfrutar de juegos bruscos como la lucha libre

Tenga en cuenta que algunos niños pueden presentar ambos tipos de procesamiento sensorial en contextos diferentes. Por ejemplo, pueden tener sensibilidad auditiva y sonora, pero disfrutar y buscar el contacto físico. Por eso es importante que observes a tu hijo y sepas cuáles son sus desencadenantes y qué es lo que más desea.

Antes de exponer a tu hijo a más actividades sensoriales, considera la seguridad y las implicaciones de participar en ellas. Algunas actividades, como jugar al aire libre en la cama elástica o las carreras de obstáculos, son relativamente inofensivas, mientras que otras pueden provocar dependencia y aislamiento social.

Por ejemplo, si a su hijo le gusta la estimulación visual, establezca límites sobre cuánto tiempo puede jugar a videojuegos, navegar por las redes sociales o ver la televisión. Si le gusta el contacto físico, enséñele a respetar los límites físicos de los demás y a saber cuándo es aceptable o inaceptable abrazar, besar o estar cerca de otras personas.

Tampoco tienes por qué sentirte mal por decir "no" a ciertas actividades muy sensoriales, como la lucha libre, que pueden ser muy peligrosas para tu hijo. Siempre hay opciones más seguras que no implican los mismos riesgos.

Por ejemplo, si tiene una política de cero tolerancia con los juegos bruscos, puede inscribir a su hijo en una clase de artes marciales, donde se les entrena para liberar energía de forma controlada. O si no quieres que muerda o mastique objetos incomestibles, preséntale diferentes alimentos y aperitivos crujientes y masticables durante las comidas, o pídele que te ayude a preparar las comidas para que pueda probar los ingredientes durante el proceso.

Tenga en cuenta que su hijo puede aburrirse rápidamente de las mismas actividades altamente sensoriales, sobre todo a medida que crece y llega a la adolescencia. Pueden interesarse por otros deportes, acontecimientos sociales, alimentos, contacto físico y música. Investiga por tu cuenta hasta qué punto esas actividades son seguras para tu hijo. Si aún son demasiado pequeños para participar en determinadas actividades, busque alternativas. No obstante, la experimentación es sana y no hay que rehuirla.

Conclusiones del capítulo

- El factor desencadenante número uno es la sobreestimulación. Esto ocurre cuando el cerebro de tu hijo tiene problemas para procesar la información sensorial del entorno.

- Los signos de que tu hijo puede estar sobreestimulado incluyen llantos, berrinches, ataques de pánico o aislamiento. Cuando esto ocurra, debes centrarte en identificar qué estímulo lo ha provocado y eliminarlo (si es posible).

- Una vez identificados los desencadenantes sensoriales de su hijo, es mucho más fácil prever y planificar con anticipación cómo prevenir la exposición. También puede enseñar a su hijo a defenderse cuando esté en público, por ejemplo, rechazando educadamente ciertos alimentos que son desencadenantes.

- También es posible que tu hijo tenga otro tipo de problema sensorial, en el que necesite más estímulos que menos. Observa qué tipo de estimulación le apetece a tu hijo y busca actividades saludables en las que pueda participar. Está bien poner límites y prohibir ciertos comportamientos altamente sensoriales, sobre todo cuando son arriesgados o inapropiados para la edad de tu hijo.

El último capítulo incluye una lista de actividades de búsqueda sensorial que le puede presentar a su hijo.

Capítulo 3:

Cómo manejar las emociones explosivas de su hijo sin perder el control

La impulsividad emocional del TDAH puede hacer que sea más fácil perder los estribos o decir cosas hirientes.
—Revista ADDitude

El cerebro del TDAH y las emociones

La desregulación emocional no forma parte de los criterios diagnósticos del TDAH. Sin embargo, hay suficientes investigaciones que sugieren que los niños con TDAH tienen dificultades para controlar sus emociones.

Un estudio de investigación realizado en 2020 invitó a 67 niños de entre 10 y 14 años a participar en una Tarea de Persistencia de Rastreo de Espejos (MTPT), un juego de ordenador que mide la angustia y la tolerancia a la frustración. Los niños se dividieron en dos grupos: los que cumplían los criterios del DSM-5 para el TDAH y los que no tenían TDAH. Los resultados mostraron que el grupo de niños con TDAH era más propenso a abandonar la tarea que el grupo sin TDAH, lo que indicaba niveles más bajos de tolerancia a la frustración (Seymour et al., 2016).

Uno de los mitos más comunes sobre el TDAH es que se trata de un trastorno del comportamiento. El problema, tal como lo ven algunas personas, es que los niños con TDAH simplemente no saben comportarse correctamente. A veces se confunde a un niño que tiene una crisis emocional con un niño que busca atención. Sin embargo, la verdadera raíz de sus problemas emocionales está en el cerebro.

El TDAH afecta al funcionamiento del cerebro, lo que provoca alteraciones cognitivas, emocionales y conductuales. Por ejemplo, debido al deterioro de la memoria de trabajo, su hijo puede reaccionar de forma exagerada cada vez que experimenta una emoción fuerte, ya que la siente tan intensa como cuando la experimentó por primera vez. Además, el deterioro de la memoria de trabajo puede dificultar que su hijo reconozca y responda adecuadamente a las emociones de los demás.

Otro fenómeno común que es exclusivo de los niños con TDAH se conoce como *inundación*. Esto ocurre cuando el cerebro de su hijo se ve abrumado y completamente dominado por una emoción intensa temporal. Imagínate que estás terminando un trabajo en el ordenador y, de repente, se te congela la pantalla. No podrías mover el ratón, actualizar la pantalla o reiniciar el dispositivo. Durante esos pocos minutos (que bien podrían parecer mucho tiempo), te sentiste impotente ante el error que se había producido.

La misma analogía puede utilizarse para explicar la experiencia de una inundación. Durante esos pocos minutos (que a su hijo le parecen una eternidad), se ven dominados por una única emoción intensa que les deja paralizados. No pueden recurrir a estrategias de afrontamiento porque la parte de su cerebro responsable del razonamiento lógico está temporalmente inutilizada. Lo único en lo que pueden concentrarse es en la emoción que ha secuestrado su cerebro: nada más parece importar. Esto puede explicar por qué su hijo tarda tanto tiempo en calmarse y volver a su estado normal después de haber sufrido un desencadenante.

Es posible que se pregunte cuáles son los efectos a largo plazo de la lucha de su hijo por reconocer, procesar y controlar sus emociones. A continuación le ofrecemos algunos consejos:

- **Batallas con la ansiedad social.** Los chicos con TDAH, sobre todo los adolescentes, corren el riesgo de sufrir ansiedad social. Esto tiene que ver con su miedo a cómo puedan responderles los demás tras conocer su diagnóstico o notar diferencias en su forma de comportarse.

- **Evitar las emociones desagradables.** Algunos chicos pueden decidir que es mejor simplemente reprimir o negar sus emociones en lugar de encontrar formas de afrontarlas. Cuando esto ocurre, pueden recurrir a comportamientos evasivos como posponer el estudio para los exámenes, recurrir a la música o a alguna otra distracción cuando se sienten mal, o disociarse mentalmente (desconectarse de sus pensamientos, recuerdos y entorno).

- **Perderse en las emociones.** También es posible que los chicos hagan lo contrario y se centren demasiado intensamente en cómo se sienten, hasta el punto de alcanzar un estado de pánico. Lo que suele provocar esto es la incapacidad de racionalizar las experiencias, como ser capaz de reconocer una amenaza real de una amenaza imaginaria.

- **Cambios de humor frecuentes o tristeza persistente.** Vivir con una discapacidad que afecta a la forma de pensar, comportarse y relacionarse con los demás puede ser frustrante y deprimente. Estos sentimientos pueden verse agravados por el hecho de que no mucha gente (incluida la comunidad médica) comprende la naturaleza y el impacto del TDAH, lo que dificulta la obtención de ayuda. Estas frustraciones pueden interiorizarse y desencadenar un sentimiento de inadecuación y baja autoestima.

La buena noticia es que los problemas emocionales provocados por el TDAH pueden tratarse. El proceso suele comenzar con la búsqueda de un diagnóstico médico, la administración a su hijo de la medicación adecuada (si procede) y el recurso a diversas estrategias psicoterapéuticas para desarrollar habilidades de regulación emocional. Las siguientes secciones presentarán intervenciones adecuadas a la edad para ayudar a su hijo a controlar sus reacciones emocionales explosivas.

Estrategias adecuadas a la edad para ayudar a su hijo a afrontar las grandes emociones

Ningún niño nace con habilidades de autorregulación y, muchas veces, estas habilidades no se enseñan en casa ni en la escuela. Corresponde a los padres intervenir y enseñar a sus hijos a afrontar el estrés y las emociones desbordantes.

Por supuesto, los padres de niños con TDAH pueden necesitar reforzar estas habilidades mucho más que los padres de niños sin TDAH; sin embargo, lo que es bueno saber es que las estrategias son las mismas. La mejor manera de enseñar habilidades de autorregulación es ser intencional. Utilice los comportamientos difíciles como oportunidades para presentar y practicar la habilidad de autorregulación más apropiada y brinde apoyo emocional. Los médicos llaman a esto "estructura de apoyo" del comportamiento deseable, y debe hacerse continuamente hasta que su hijo pueda recordar practicar la habilidad por sí mismo.

Por ejemplo, cuando note que su hijo está experimentando una sobrecarga sensorial en una reunión social, puede llevarlo aparte a una habitación o zona tranquila y preguntarle cómo se siente. Es posible que sea lo bastante mayor para describir sus emociones o que necesite que le ayudes ofreciéndole sugerencias (por ejemplo, "¿Tienes miedo o estás enfadado?").

Después, puedes presentarles habilidades de autorregulación adecuadas para calmarles, como enseñarles a respirar profundamente. Primero, enséñales a realizar un sencillo ejercicio de respiración y pídeles que te sigan. A continuación, anímale a practicar el ejercicio por sí mismo y reconoce sus esfuerzos. Repita este proceso una y otra vez hasta que para su hijo sea algo natural practicar un ejercicio de respiración cuando se sienta abrumado.

Dicho todo esto, a continuación te presentamos una serie de habilidades de autorregulación apropiadas para cada edad que puedes enseñar y reforzar a tu hijo en edad de crecimiento:

Niños de 3 a 8 años

Los comportamientos explosivos típicos que puede esperar de su hijo pequeño o preescolar son tener dificultades para compartir los juguetes (arrebatar objetos a los demás), tener berrinches cuando se siente frustrado, arremeter contra los demás y jugar de forma brusca. La mejor forma de ayudar a tu hijo a autorregularse durante esta etapa del desarrollo es desviar suavemente su atención hacia una actividad menos desencadenante y enseñarle diversas estrategias de autocalmado.

A continuación te presentamos cinco estrategias que enseñan a tu hijo a enfrentarse a las emociones desbordantes:

1. Haz una pausa para moverte

Si su hijo está visiblemente alterado, distráigalo haciendo una pausa para moverse. Si estás en casa, anímale a que te acompañe a jugar al juego del tag, a jugar con el perro o a rastrillar las hojas. Si no puede salir, cree retos emocionantes dentro de casa relacionados con las tareas domésticas, como "¿Quién puede doblar más ropa?" o "¿Quién puede recoger más juguetes del suelo y colocarlos en el cubo de los juguetes?". Asegúrate de que las actividades impliquen mucho movimiento para ayudar a tu hijo a aliviar tensiones.

2. Practicar un ejercicio de respiración

Cuando tu hijo está alterado, puede hiperventilar, lo que hace que le entre menos aire en el cuerpo. El ejercicio respiratorio alarga deliberadamente la respiración para inducir un estado de calma; fomenta la respiración abdominal, en lugar de la respiración torácica superficial. Como los niños no están familiarizados con términos como "inhalar" y "exhalar", puedes utilizar distintos objetos para enseñarles el proceso.

Por ejemplo, compra una botella de burbujas y pídele que respire hondo y luego sople las burbujas todo lo que pueda. Otro truco consiste en que se tumbe en la cama y se coloque un peluche sobre el vientre. Pídele que mueva el animal hacia arriba y hacia abajo respirando lenta y profundamente. También puedes ayudar a tu hijo contando para él mientras inspira y espira.

3. Practicar cómo percibir y nombrar los sentimientos

Otra forma estupenda de evitar que el niño se desborde y de distraerlo para que no se concentre intensamente en su emoción fuerte es hacer que se dé cuenta de lo que siente y le ponga nombre. Empiece haciéndole preguntas sobre lo que siente dentro de su cuerpo (por ejemplo: "¿Te duele la panza? ¿Te duele la cabeza? ¿Se te saltan las lágrimas de los ojos?"). Después de que lo confirmen, pregúntales cómo les hacen sentir esas sensaciones físicas (por ejemplo: "¿Cómo te hace sentir el dolor de panza?"). Por último, valida sus sentimientos utilizando sus propias palabras. Puedes decir: "Sí, veo que tu dolor de panza te hace sentir mal. No tienes muy buen aspecto".

4. Tómate un tiempo

Los tiempos muertos tradicionales se utilizan para apartar al niño de la situación y conseguir que reflexione sobre su comportamiento. Sin embargo, para los niños con TDAH, los tiempos muertos pueden resultar aislantes y confusos, ya que no son capaces de controlar sus emociones fuertes ni de calmarse por sí solos. Los tiempos muertos son una forma suave de modificar el comportamiento. En lugar de enviar al niño a un rincón aislado o a una habitación para que esté solo, el padre se aparta con el niño y lo consuela hasta que se haya calmado. Con el tiempo, los tiempos muertos pueden mejorar la inteligencia emocional del niño y reducir sus reacciones explosivas.

5. Encontrar maneras de refrescarse

Si nota que comienza una espiral de ansiedad, actúe con rapidez y busque formas de refrescar la temperatura corporal de su hijo. Las temperaturas frías (por debajo de la temperatura corporal normal) pueden actuar como un "shock" para el cuerpo y contrarrestar el modo "lucha o huida". La sensación de frío también es calmante y puede servir como distracción positiva de las emociones intensas. Algunas formas de ayudar a su hijo a refrescarse son servirle un vaso de agua, colocarle un paño frío y húmedo en la frente, pedirle que chupe un cubito de hielo o animarle a darse un chapuzón rápido en la piscina.

Niños de 9 a 12 años

Los niños en edad escolar y los preadolescentes son más conscientes de los comportamientos aceptables e inaceptables; sin embargo, eso no significa que vayan a cooperar siempre con sus padres. Durante esta etapa de su desarrollo, están empezando a construir un sentido de sí mismos y a formular sus propias ideas y creencias sobre el mundo. Algunos de los comportamientos explosivos típicos que pueden mostrar son frecuentes cambios de humor, negarse a seguir las normas, provocar deliberadamente a los demás y negarse a asumir la responsabilidad de sus actos.

En esta etapa, su hijo tiene edad suficiente para aprender habilidades de funcionamiento ejecutivo, que le ayudarán más adelante en la vida. La función ejecutiva se refiere a los procesos mentales que permiten a tu hijo planificar con antelación, centrarse en las tareas, seguir las normas, reflexionar y modificar sus comportamientos y practicar el autocontrol.

A continuación encontrará cinco habilidades del funcionamiento ejecutivo que puede enseñar y reforzar para empezar a ver mejoras en el comportamiento de su hijo:

1. Inicio de la tarea

Es posible que tanto usted como su hijo se irriten con frecuencia ante las expectativas de tareas. Por un lado, puede que estés cansado de tener que recordarles que empiecen a hacer los deberes, que terminen sus tareas domésticas o que recuerden plazos importantes. Por otro lado a ellos les molestan las críticas constantes y el control excesivo.

Enseñar a tu hijo a iniciar tareas consiste en capacitarle para que sea proactivo en la gestión de su tiempo y sus tareas, de modo que tú puedas dar un paso atrás y permitirle trabajar de forma independiente. El objetivo es enseñar a tu hijo a completar las tareas con el mayor esmero posible, evitando al mismo tiempo las distracciones.

Una buena estrategia consiste en cronometrar la rapidez con la que su hijo puede completar una tarea. Anote la hora de inicio y fin de cada tarea y elogie su esfuerzo. Establezcan juntos objetivos sobre cuántos segundos o minutos deben durar las tareas. Por ejemplo, ambos podrían trabajar para conseguirlo:

- comenzar una tarea en los 15 segundos siguientes a la recepción de la instrucción

- tomarse dos minutos para reunir todos los materiales y recursos necesarios para realizar una tarea

- tardar 30 segundos en pasar de una tarea a otra

El refuerzo positivo es un componente vital en la enseñanza de la iniciación a las tareas. Elogie a su hijo por sus progresos, incluso cuando no alcance sus objetivos.

2. Autocontrol

Enfadarse o impacientarse es normal; sin embargo, cuando emociones fuertes como éstas no se controlan, pueden llevar a reacciones exageradas. En lugar de ser tú quien siempre le recuerde a tu hijo que debe calmarse o pensar antes de actuar, puedes enseñarle a controlar sus comportamientos.

Hay distintas formas de hacerlo, como enseñar a tu hijo la relación causa-efecto, que puede ayudarle a entender que todo comportamiento tiene una consecuencia. Puedes explorar comportamientos como gritar y cómo pueden acarrear consecuencias negativas. Por ejemplo, gritar a otro niño en el colegio tiene consecuencias, como meterse en problemas con los profesores o perder un amigo.

Repasa algunos escenarios hipotéticos y pregúntale a tu hijo cuáles cree que podrían ser las consecuencias. Ayúdale a distinguir entre los comportamientos indeseables que acarrean menos consecuencias y los que acarrean más (por ejemplo, que le expulsen del colegio).

Además, puedes enseñar a tu hijo a leer la habitación. Leer la habitación se refiere a ajustar sus comportamientos a las personas y al entorno del que está rodeado. Por ejemplo, cuando hable con un padre, un profesor o un médico, puede recordarle que practique los buenos modales, como decir "por favor" y "gracias". O cuando estén en un entorno formal, como un despacho, una iglesia o la consulta de un médico, puedes recordarles que utilicen un tono de voz suave. Los juegos de rol son una forma estupenda de practicar cómo comportarse en distintos contextos sociales.

3. Aceptar los comentarios y reflexionar sobre ellos

A los chicos con TDAH les puede resultar muy difícil aceptar comentarios, por muy "educados" que parezcan. Debido a que reprimen muchos de sus miedos y frustraciones, son hipersensibles a cualquier comentario que pueda sonar como un ataque a lo que son. Sin embargo, como usted sabe, la retroalimentación es una parte necesaria del crecimiento personal, posiblemente la mejor herramienta para el cambio.

La mejor manera de enseñar a su hijo a aceptar y reflexionar sobre los comentarios es mostrarle un comportamiento no defensivo. Cuando hable con ellos, valide sus pensamientos y sentimientos, incluso cuando usted no piense lo mismo. Diga frases como "te escucho" y "aprecio tu opinión". Cuando se inviertan los papeles (cuando estés expresando tus pensamientos y sentimientos) pregúntales: "¿Me oyes?" y "¿Aprecias mi opinión?".

También puedes enseñarles que el feedback consiste en identificar comportamientos incorrectos y buscar soluciones. Nunca es un ataque directo a una persona. Por ejemplo, los insultos no son útiles porque no se refieren a ningún comportamiento. Haz que practiquen a dar su opinión sobre las comidas que preparas o la ropa que llevas puesta. Comete errores deliberadamente (por ejemplo, añadir demasiada sal a la comida) y pídeles que te critiquen. Al final del ejercicio, elógiales por sus valiosos comentarios, que podrás poner en práctica en el futuro.

4. Tolerancia al cambio

Otro factor que puede desencadenar emociones explosivas es el cambio (sobre todo cuando el niño no lo ve venir). Por ejemplo, su hijo puede reaccionar negativamente cuando se producen cambios inesperados en su rutina o cuando se imponen nuevas normas sin previo aviso ni discusión. También puede temer que se le pida que realice una tarea nueva y difícil, como estudiar para un examen importante o apuntarse a un club social o deportivo.

Para evitar estallidos emocionales o comportamientos evasivos, mantenga conversaciones abiertas y sinceras sobre los cambios que se avecinan y lo que puede esperar su hijo. Nunca es buena idea planear sorpresas porque no sabe cómo puede reaccionar su hijo. Utilice diversas herramientas para preparar a su hijo para lo que está por venir, como escribir juntos una lista de pasos, repasar fotos del lugar o el acontecimiento, enseñarle una foto del nuevo profesor del colegio o ver vídeos de una experiencia.

Si su hijo tiene preguntas sobre el cambio que se avecina, esté dispuesto a responderlas. Si la experiencia también es nueva para ti, no pasa nada por decir "no lo sé". La verdad es que nunca podemos estar completamente preparados para el cambio, y ésta es una lección de vida importante que su hijo debe aprender.

5. Autocontrol

La autovigilancia es el proceso de cuestionar sus comportamientos y evaluar si está tomando las decisiones correctas o equivocadas. Debido a su impulsividad, tu hijo puede acelerar las tareas sin completar cuidadosamente todos los pasos, o puede hacer un comentario sin reconocer el impacto que tiene en el receptor.

El mejor momento para enseñar esta habilidad es inmediatamente después de que su hijo se haya comportado mal. Llame su atención y pregúntele: "¿Puedes decirme qué ha estado mal en lo que acabas de hacer?". Si no es capaz de reconocer su falta, explícasela utilizando sólo hechos. Puedes decirle: "Acabo de verte entrar en casa con los zapatos llenos de barro. Recuerda que los zapatos embarrados hay que quitárselos fuera". A continuación, ayúdale a comportarse de forma correcta, guiándole a través de la conducta deseable y ofreciéndole un refuerzo positivo.

Chicos de 13 a 17 años

Los adolescentes son conscientes de lo que se espera de ellos. Cuando reaccionan de forma explosiva, suele ser porque se sienten impotentes, invalidados o poco respetados. Por ejemplo, pueden tener dificultades para aceptar el fracaso o el rechazo, o pueden sentirse incomprendidos por sus amigos y familiares. Los comportamientos desafiantes típicos que pueden mostrar incluyen mentir, insultar, participar en luchas de poder, desafiar a la autoridad, autolesionarse y romper las normas en casa y en el colegio.

La mejor manera de enseñar a tu hijo habilidades de autorregulación a esta edad es modelar comportamientos positivos. Lo que necesitan, más que que les digan lo que está bien y lo que está mal, es que les enseñen comportamientos saludables. Además de ser un buen modelo, también es importante tener en cuenta cómo te comunicas con tu hijo, sobre todo cuando le impones una disciplina. Imagina que estás hablando con otro adulto, que exige respeto y consideración.

A continuación te ofrecemos cinco estrategias para ayudar a tu hijo adolescente a autorregularse:

1. Enseñar a retrasar la gratificación

La gratificación diferida se refiere a realizar acciones hoy que traerán resultados positivos en el futuro. La recompensa no es instantánea, lo que significa que la tarea o situación puede parecer "castigadora" en ese momento. Los escenarios típicos en los que su hijo puede necesitar practicar la gratificación diferida incluyen estudiar para los exámenes, hacer las tareas domésticas o ahorrar dinero. Ninguna de estas tareas es especialmente divertida, pero todas ellas pueden preparar a su hijo para la edad adulta.

Cuando le enseñe a retrasar la gratificación, empiece por enseñarle a diferenciar entre tareas urgentes, tareas importantes y tareas no urgentes/importantes. Las tareas urgentes son aquellas a las que hay que atender rápidamente, como dar de comer a los animales. El intervalo entre recibir instrucciones y actuar es cuestión de segundos. Las tareas importantes son las que deben atenderse antes de que acabe el día. La rutina de su hijo le indicará por qué tarea importante debe empezar.

Las tareas no urgentes/importantes no deben considerarse hasta que se hayan completado todas las tareas importantes.

En la mayoría de los casos, estas tareas se posponen al día siguiente o al fin de semana, cuando su hijo dispone de más tiempo libre.

A continuación encontrará un ejemplo de cómo usted y su hijo podrían ordenar las tareas:

Tareas urgentes:

- preparar la mochila antes de acostarse
- hacer la cama al levantarse por la mañana
- llegar a la parada del autobús a una hora determinada

Tareas importantes:

- completar los deberes del día
- estudiar para un examen
- ayudar con la cena

Tareas no urgentes/importantes:

- visitar a un amigo
- ponerse al día con una serie de televisión
- hornear galletas

Las tareas no urgentes/importantes son las que ponen a prueba la gratificación diferida. Sí, puede que la tarea no sea importante, pero puede ser divertida, relajante, creativa y emocionante para su hijo. Anime a su hijo a ser paciente durante la semana (o mientras realiza tareas importantes) y trate la tarea no urgente/importante como una recompensa por su duro trabajo.

2. Enseñar el valor del dinero

Cuando tu hijo se convierte en adolescente, empieza a tener necesidades económicas. Puede que te pida dinero para comprarse un aparato, salir con los amigos o comprar por Internet. En lugar de cerrarte a sus peticiones, puedes aprovechar la oportunidad para enseñarles el valor del dinero.

Por ejemplo, fija una asignación semanal o mensual y enséñales a presupuestar los gastos. Utilizar la lista de urgente, importante y no urgente/importante puede ser útil para decidir en qué gastar ahora mismo o para qué ahorrar. Cuando se agote su asignación, anímale a conseguir fondos adicionales realizando determinadas tareas y peticiones. Por cada tarea o petición realizada, ganarán 10 dólares.

Si tu hijo te pide un artículo caro que cuesta más que su paga, enséñale a ahorrar para conseguirlo. Cómprele una alcancía y déjele decidir cuánto va a ahorrar cada semana o cada mes. Anímele a depositar fondos en su hucha antes de empezar a gastar (una forma estupenda de reforzar la gratificación diferida). Incluso puede motivar a su hijo ayudándole a fijarse objetivos de ahorro y a utilizar herramientas visuales, como gráficos o calendarios, para controlar sus progresos.

3. Que luchen sus propias batallas

La siguiente etapa después de la adolescencia es la edad adulta. Gran parte de su atención como padre se centrará en preparar a su hijo para las responsabilidades adultas. Una buena forma de empezar es dirigir desde atrás. Como un pastor que cuida de un rebaño de ovejas, esté disponible para orientar y apoyar, pero sin solucionar activamente los problemas de su hijo. Cuando se comporte de forma inadecuada, deje que actúen las consecuencias naturales. Por ejemplo, si le falta al respeto a un profesor, deja que el colegio aplique sus procedimientos disciplinarios.

Acostúmbrese a escuchar más que a resolver los problemas de su hijo. Valide sus sentimientos y muestre empatía por lo que está pasando, pero déjele siempre la toma de decisiones. Pregúntales: "¿Qué opciones tienes?" o "¿Qué vas a hacer al respecto?". Sea cual sea la solución que se les ocurra, dale tu apoyo. Puede que no sea una solución realista, pero eso deben descubrirlo ellos.

Su trabajo como padre consiste en crear un entorno en el que pueda tener lugar la resolución creativa de problemas, y puede que la primera idea no sea siempre la mejor. Si su hijo responde con un "no lo sé", asegúrele que, en el momento adecuado, sabrá instintivamente qué hacer. De este modo, estará enseñando a su hijo a confiar en su instinto.

4. Enseñar técnicas de negociación

Una de las ventajas de empoderar a tu hijo adolescente es que refuerzas su confianza y aumentas su autoconciencia. Un adolescente empoderado es capaz de cuestionar su comportamiento, tener en cuenta las necesidades de los demás (o las normas y expectativas sociales que debe seguir) y establecer límites sanos para proteger sus propias necesidades. Las técnicas de negociación enseñan a tu hijo a crear situaciones en las que todos salen ganando y a encontrar un buen equilibrio entre sus necesidades y las de los demás.

Algunos padres evitan enseñar esta habilidad porque piensan que fomentará comportamientos desafiantes, como discutir y negarse a seguir las normas. Sin embargo, no es así. Las habilidades de negociación no minimizan la importancia de las normas ni permiten debatir sobre ellas. Las normas que se establecen en casa y en otros espacios públicos no pueden cuestionarse. Sin embargo, eso no significa que tu hijo no pueda expresar sus preocupaciones o las dificultades que pueda estar experimentando, y pedirte que te adaptes a sus necesidades.

Por ejemplo, si a tu hijo no le gusta lavar los platos y hace un berrinche cada vez que le obligan a completar esa tarea, puedes sentarte con él y entablar una negociación. Empiece por establecer la expectativa (por ejemplo, lavar los platos todas las noches) y luego pídale que exprese qué preocupaciones o problemas le dificultan completar esa tarea. Quizá no les guste la sensación de meter las manos en agua sucia o tener que lavar los platos por la noche, cuando preferirían descansar.

En función de sus preocupaciones o retos, la siguiente pregunta que harías es: "¿Cómo propones que resolvamos este asunto?". Excusarse de completar la tarea no es una opción, ya que las normas no son negociables. Sin embargo, puedes sentarte y escuchar sus soluciones creativas para hacer la tarea menos indeseable. Por ejemplo, pueden pedirte que compres guantes de cocina para evitar el contacto directo con el agua, o que laves los platos por la mañana en lugar de hacerlo por la tarde.

Puede que algunas de sus sugerencias no te convengan. Por ejemplo, puede que no te guste la idea de que laven los platos por la mañana. Puedes estar en desacuerdo, pero sólo si tienes una solución alternativa. Evita rechazar las ideas de tu hijo sin tener nada mejor que poner sobre la mesa. Si no estás de acuerdo con lavar los platos por la mañana, por ejemplo, puedes sugerir que la cena se adelante una hora para que tu hijo no se quede despierto hasta demasiado tarde. Continúa intercambiando ideas y ofreciendo alternativas hasta que lleguéis a un acuerdo sobre un plan viable que satisfaga a ambos.

5. Fomentar la comunicación sobre las necesidades

Si tu hijo se porta mal, es señal de tensión emocional acumulada. La mejor forma que tienen de expresar sus sentimientos o de llamar tu atención es portándose mal. En lugar de prestar demasiada atención a sus comportamientos indeseables, deja espacio para que verbalice cómo se siente. Al validar sus sentimientos y responder a ellos, puedes restablecer la armonía en su mente y su cuerpo.

La mayoría de los adolescentes no compartirán abiertamente sus sentimientos hasta que se sientan seguros y respetados. Tu trabajo no consiste en obligar a tu hijo a comunicar sus necesidades, sino en hacer que tu relación con él se sienta segura. Esto implica practicar la escucha activa sin proyectar tus propias emociones ni tratar de solucionar la situación. Dale la oportunidad de organizar sus pensamientos y expresarse utilizando sus propias palabras e ideas.

Otro consejo útil es hacer preguntas más que ofrecer consejos. Por ejemplo, en lugar de decir: "Tienes que concentrarte más en la escuela", puedes preguntar: "¿Qué crees que puede ayudarte a concentrarte en la escuela?". El objetivo es crear un espacio en el que puedan compartir sus experiencias y ordenar sus pensamientos, sin imponer tus propios puntos de vista.

Por último, haz saber a tu hijo que no necesitas que sea un "niño bueno" y que lo tenga todo bajo control. Nadie es perfecto y no debe sentir la presión de presentar una imagen perfecta. Dile que estás disponible para escucharle siempre que tenga un mal día y que no le juzgarás por no estar en su mejor momento.

Conclusiones del capítulo

- Los chicos con TDAH tienen dificultades para procesar las emociones, lo que a veces puede provocar una avalancha de emociones intensas y estallidos explosivos.

- Cuando tu hijo tiene entre 3 y 8 años, aún está lidiando con la idea de tener sentimientos y las mejores formas de gestionarlos. Enséñale a describir lo que siente, a desviar la atención de la emoción intensa y a practicar técnicas de autocalmado.

- Cuando crecen y llegan a la etapa preadolescente, son más conscientes de sus emociones, pero carecen de las habilidades de funcionamiento ejecutivo necesarias para reflexionar sobre sus actos, corregir su comportamiento y practicar el autocontrol. Tu trabajo consistirá en enseñarles estas habilidades vitales, que les serán muy útiles más adelante en la vida.

- La adolescencia es una etapa en la que tu hijo se prepara para la vida como adulto. Lo que le enseñes sobre autorregulación en esta etapa influirá en su forma de afrontar y superar los retos en la edad adulta. Dado que los adolescentes son más independientes, es posible que no se dejen influir por tus palabras; sin embargo, los comportamientos que modelas delante de ellos tienen un impacto significativo.

- En lugar de "enseñar" a tu hijo adolescente a autorregularse, puedes ofrecerle feedback sobre lo que está haciendo bien o mal, y permitirle que modifique creativamente sus comportamientos y resuelva sus problemas. Demuéstrale que confías plenamente en su capacidad para tomar las decisiones correctas y ser un joven responsable.

Capítulo 4:

Estrategias tranquilizadoras para ayudar a su hijo a controlar el estrés y practicar el autocontrol

En medio del movimiento y el caos, mantén la quietud en tu interior.
—Deepak Chopra

¿Qué es el autoalivio?

Autocalmarse es un término relativamente nuevo que se utiliza para referirse a los ejercicios de gestión del estrés que una persona practica para sentirse mejor. Lo que ayuda a un niño a sentirse tranquilo no tiene por qué funcionar con otro. Por eso se anima a los niños a encontrar las estrategias de afrontamiento que mejor les funcionen.

Aunque el término es bastante nuevo, la práctica del autocalmado no lo es. Desde que el niño es un feto en el vientre materno, aprende varias formas de autocalmarse cuando se siente incómodo. Por ejemplo, los escáneres han demostrado que un feto adopta la posición mano-cara, en la que se lleva las manos a la cara y alrededor de la boca, cuando busca calmarse. También se ha visto que algunos fetos se chupan el pulgar; sin embargo, este reflejo se desarrolla mejor después del nacimiento (Pasitos, 2020).

Otras prácticas habituales de autocalma en niños pequeños y preescolares son dar golpecitos con los pies, balancearse, tararear y morderse las uñas. Desgraciadamente, estos hábitos suelen considerarse signos de mala educación y se desalientan. Sin otras estrategias alternativas, los niños se quedan sin una forma real de calmarse.

Los chicos con TDAH, que son propensos a sentirse estresados y ansiosos, pueden beneficiarse de la autocontención. Recurrir a conductas de afrontamiento positivas puede ayudarles a controlar los impulsos fuertes y aumentar su tolerancia al estrés y la frustración. Las prácticas de autoalivio también pueden enseñar a tu hijo a gestionar sus emociones sin agobiarle. En los momentos de angustia, por ejemplo, pueden permanecer abiertos y procesar lo que sienten utilizando estrategias de afrontamiento positivas.

Tu hijo tiene la oportunidad de aprender a superar con éxito situaciones difíciles sin perder el control y, a largo plazo, esto puede aumentar su confianza en sí mismo. Las tres estrategias siguientes para calmarse enseñan a tu hijo formas positivas de gestionar el estrés.

Vigila que tu hijo no utilice estas estrategias en exceso, hasta el punto de evitar enfrentarse a situaciones desagradables. Por ejemplo, si observa que adquiere el hábito de pasar horas solo, incluso cuando no está angustiado, es posible que acabe aislándose de los demás. Las estrategias autocalmantes son herramientas temporales que permiten al niño respirar y calmarse antes de afrontar situaciones difíciles y emociones negativas.

Crear un lugar seguro

Un lugar seguro es una zona aislada de la casa a la que el niño puede retirarse cuando se sienta abrumado. Se le presenta como una alternativa a las agresiones, los golpes, los lanzamientos o la exposición a estímulos excesivos. Siempre que notes un cambio en su comportamiento, puedes sugerirle que se calme en su lugar seguro. Por supuesto, para que esta zona sea un lugar al que su hijo desee retirarse, debe hacer honor a su nombre y proporcionarle seguridad tanto física como emocional.

Crear un lugar seguro es una colaboración conjunta. Como padre, tú eliges qué habitación o zona de la casa puede utilizar tu hijo. Asegúrate de que sea una habitación o zona poco transitada, para que nadie moleste a tu hijo cuando se esté tomando un descanso. A la hora de decorar su espacio, déjale la mayor parte de la decisión en sus manos. Lo ideal es que el espacio represente su personalidad, sus intereses y su idea de "seguridad". Por supuesto, puedes ofrecer algunos elementos para que el lugar sea acogedor, como añadir almohadas y mantas. También puedes sugerir que añadan peluches suaves, un cuaderno y un bolígrafo, un reproductor de música y fotos positivas, como una imagen de su mascota favorita o un póster con afirmaciones.

Ve despacio cuando introduzcas a tu hijo en este concepto. Lo último que quieres es que piense que le estás mandando a un tiempo fuera. Háblele de qué es un lugar seguro, para qué sirve y en qué situaciones puede ser útil. Haz que tu hijo se entusiasme con la oportunidad de decorar su lugar seguro según sus propios intereses. Incluso puede iniciar una cuenta atrás una semana antes del "lanzamiento" del lugar seguro (cuanto más entusiasmo genere en torno a este concepto, menos se resistirá su hijo).

Enséñese a hablar en positivo de sí mismo

La forma en que su hijo se habla a sí mismo puede influir en cómo se siente consigo mismo y en la situación estresante que se le presenta. Si ensayan creencias limitadoras como "no puedo hacerlo" o "soy un fracaso", es menos probable que mantengan la resiliencia en los momentos difíciles. La autoconversación positiva no consiste en decir lo que uno desea, sino en decir afirmaciones positivas pero objetivas sobre uno mismo. En los momentos difíciles, puedes recordarte a ti mismo tus puntos fuertes en lugar de tus puntos débiles.

Enseñar a su hijo a hablar positivamente de sí mismo empieza por evaluar su juicio sobre sí mismo y sobre el mundo. Averigüe, mediante una conversación informal, qué piensa su hijo de determinadas personas, temas y experiencias. Por ejemplo, en el trayecto al colegio, puedes preguntarle qué opina de su centro, sus profesores, sus compañeros o su rendimiento académico.

Con estas preguntas, lo que buscas es ver si sus valoraciones son realistas (equilibrio entre lo bueno y lo malo), exageradas (extremadamente buenas o malas) o minimizadas (muestran indiferencia o desapego). A continuación se ofrece un ejemplo de cómo sonaría cada perspectiva:

- Realista: "Me gusta el colegio porque puedo ver a mis amigos, pero no me gusta la clase de matemáticas".

- Exagerado: "Odio la escuela. No veo la hora de irme".

- Rebajado: "Hmm... no lo sé. Supongo que está bien".

Las perspectivas exageradas no son saludables porque la vida no es blanca o negra. Además, si su hijo adquiere el hábito de pensar negativamente todo el tiempo, es posible que se convenza a sí mismo de que no debe perseguir sus objetivos y convertirse en una mejor versión de sí mismo. Tampoco es saludable restar importancia a las cosas. En la mayoría de los casos, enmascaran los verdaderos sentimientos de tu hijo, lo que dificulta que afronte sus verdaderas preocupaciones.

Una vez que haya evaluado los juicios de su hijo sobre sí mismo y sobre el mundo, puede introducir la idea de la autoconversación positiva. Es posible que haya oído hablar de ello antes, pero quizá no se le haya presentado como una estrategia para tranquilizarse. Dependiendo de la edad de tu hijo, puedes elegir cómo describir la autoconversación positiva. A un niño pequeño puede explicárselo como hablarse a sí mismo en voz alta, y a un adolescente como darse ánimos a sí mismo. Anímale a hacer preguntas sobre cuándo y cómo practicar la autoconversación. Si es posible, ten preparadas algunas respuestas, como:

Pregunta: ¿Con qué frecuencia practicas la autoconversación positiva?

Respuesta: Siempre que te sientas mal o notes que su estado de ánimo cambia.

Pregunta: ¿Cuáles son los pasos para practicar la autoconversación positiva?

Respuesta: Hay varias formas de hacerlo, como hablarle a un espejo, recitar afirmaciones positivas o hablarte a ti mismo como lo harías con tu mascota favorita. Elige el método que te resulte más natural.

Pregunta: ¿Por qué es importante hablar positivamente de uno mismo?

Respuesta: La autoconversación positiva te recuerda tus puntos fuertes, tus logros y tus progresos, para que puedas sentirte bien contigo mismo.

A continuación, puede enseñar a su hijo una importante técnica de autoconversación positiva: reformular los pensamientos negativos y crear frases positivas. Los pensamientos negativos le recuerdan a su hijo lo que no puede hacer, en lugar de lo que sí puede. O hacen que su hijo se sienta mal por los puntos fuertes o las cualidades que no tiene, en lugar de por los que sí tiene. He aquí algunas palabras clave que pueden ayudar a su hijo a identificar los pensamientos negativos:

Palabra clave	Declaración
No puedo	No puedo concentrarme.
No lo hagas.	No tengo muchos amigos como mis otros compañeros.
No	No tendré éxito en la vida.
No debería	No debería ser tan hiperactivo.
Siempre	Siempre me dejan fuera.
Nunca	Nunca salgo con mis amigos.

Una vez identificados los pensamientos negativos, es más fácil reformularlos y crear frases positivas. Esto es tan sencillo como enunciar las palabras clave anteriores en positivo (por ejemplo, cambiar no puedo por puedo), o puede animar a su hijo a que imagine que está respondiendo a su mejor amigo y ofreciéndole una tranquilidad positiva. He aquí algunos ejemplos:

Declaración negativa	Declaración positiva
No puedo concentrarme.	Me siento cansado y necesito un breve descanso para estirar las piernas.
No tengo muchos amigos como mis otros compañeros.	Tengo algunos amigos que me quieren y me aceptan por lo que soy.
No tendré éxito en la vida.	Puede que mi trayectoria vital sea diferente a la de otras personas, ¡pero será increíble!

Declaración negativa	Declaración positiva
No debería ser tan hiperactivo.	Necesito encontrar una actividad positiva para liberar esta energía abundante.
Siempre me dejan fuera.	Me invitan a actos que otros creen que podría disfrutar.
Nunca salgo con mis amigos.	Salgo con mis amigos siempre que puedo.

Practicar la atención plena

La atención plena es un concepto oriental que se remonta a miles de siglos atrás. Se refiere al estado de estar presente y prestar atención a lo que está sucediendo en ese momento. Cultivar la presencia tiene el poder de reducir el estrés y la ansiedad porque acaba con el ciclo de pensar demasiado y de darle vueltas a "lo que pasó" o "lo que pasará".

Debido a su naturaleza hiperactiva e impulsiva, a tu hijo puede resultarle difícil quedarse quieto y prestar atención a lo que está sucediendo en ese momento. Cuando le enseñes a practicar mindfulness, puedes utilizar juegos divertidos y atractivos, ya que de lo contrario la experiencia de estar presente puede resultarles bastante aburrida. Algunas de las mejoras que empezarán a notar después de practicar mindfulness con regularidad son una concentración sostenida, una mejor regulación emocional y un estado de ánimo más equilibrado.

Aquí tienes cuatro divertidos ejercicios de atención plena que puedes probar con tu hijo:

1. Posturas conscientes

Para ayudar a tu hijo a cultivar la presencia, puedes ayudarle a estar más en sintonía con su cuerpo mediante distintos estiramientos. Llévate al exterior colchonetas de yoga o toallas de playa y colócalas sobre la hierba. Guía a tu hijo a través de varios estiramientos, como estirar los brazos hacia el cielo o agacharse y tocarse los dedos de los pies. Mantén cada estiramiento durante cinco segundos y luego vuelve lentamente a la posición normal. Aprovecha para practicar ejercicios de respiración profunda entre postura y postura.

2. Activar los sentidos

Salga a dar un paseo relajante con su hijo y desafíele a sintonizar diferentes sentidos, de uno en uno. Por ejemplo, puede empezar pidiéndole que busque cinco cosas que pueda ver con los ojos y, a continuación, que mencione cuatro cosas que pueda oír con los oídos. Anímales a que se tomen su tiempo para identificar los objetos. El objetivo es ralentizar el proceso y permitirles que se centren en información específica. Si ves que se precipitan en las respuestas, camina, habla y responde más despacio.

3. Bote de agradecimiento

Practicar la gratitud es otra forma de cultivar la presencia. Puede poner su vida en perspectiva y aprender a apreciar lo que tiene. Refuerce la importancia de la gratitud ayudando a su hijo a crear un bote de gratitud. Saque un tarro viejo y varios materiales para manualidades. Pase la tarde ayudando a su hijo a decorar su bote de la gratitud utilizando distintos tipos de materiales. Por último, saque pequeñas notas adhesivas y bolígrafos/marcadores, y pídales que escriban lo que agradecen, luego doblen cada una y la coloquen dentro del bote. Anima a tu hijo a sacar el bote cada vez que se sienta abrumado y necesite un pequeño estímulo.

4. Latidos acelerados

Regular los latidos del corazón puede ayudarle a calmarse después de un acontecimiento estresante. Si bien ralentizar la respiración puede ayudar a conseguirlo, también lo puede hacer escuchar atentamente cada latido y seguir el ritmo de los latidos del corazón. Afortunadamente, este ejercicio es muy básico y sencillo de enseñar a los niños.

Empiece haciendo que su hijo corra una vez alrededor del jardín o que realice 10 saltos de tijera. El objetivo es aumentar sus pulsaciones para que puedan controlarlas cuando vuelvan a disminuir. Cuando hayan terminado el breve ejercicio cardiovascular, busque un lugar para sentarse juntos y dígales que cierren los ojos y se pongan una mano en el corazón (zona del pecho). Hágales preguntas sobre los latidos de su corazón, como si son lentos o rápidos, suaves o intensos, y qué sonido hacen. Al cabo de unos minutos, pregúntales si sus latidos han cambiado y cómo. ¿Es más lento o más rápido, más suave o más intenso?

Termina el ejercicio explicando que cuando una persona se enfada, sus latidos se aceleran de forma natural y se sienten intensos, o emiten un sonido fuerte. Sin embargo, cuanto más relajada se sienta, más lentos y suaves serán sus latidos. Por lo tanto, un truco para sentirse mejor cuando se está enfadado es encontrar un lugar tranquilo y escuchar los latidos del corazón hasta que se vuelvan más lentos y suaves.

Conclusiones del capítulo

- Enseñar a su hijo estrategias de gestión del estrés y de autocalmado puede mejorar su forma de enfrentarse a los desencadenantes. Cuando se sienten abrumados, por ejemplo, pueden elegir cómo comportarse: O gritan y tiran sus juguetes o se retiran a su lugar seguro.

- Ningún niño responde igual a las estrategias de autocalmado; por tanto, experimenta con unas cuantas y ayuda a tu hijo a encontrar la más adecuada en función de sus necesidades y preferencias.

- Antes de sugerir una estrategia de autocalmación, hable con su hijo. Comparta con él más información sobre el ejercicio en cuestión y cómo puede ayudarle a calmarse cuando se sienta molesto. Puede que incluso tengas que demostrarle cómo se practica el ejercicio, para que se sienta cómodo haciéndolo por sí mismo.

- Se supone que las estrategias autocalmantes son positivas y no producen estrés, así que nunca obligues a tu hijo a recurrir a ellas cuando no esté de humor. Basta con presentarle la opción y dejarle elegir si la lleva a cabo o no.

El capítulo final incluirá varios ejercicios para ayudar a su hijo a mejorar el autocontrol.

Capítulo 5

Controlar la hiperactividad con rutinas predecibles y hábitos saludables

Siembra un pensamiento y cosecharás un acto; siembra un acto y cosecharás un hábito; siembra un hábito y cosecharás un carácter; siembra un carácter y cosecharás un destino.
—Samuel Smiles

Una vida previsible es una vida tranquila

Lo que es común entre los niños con TDAH (tanto niños como niñas) es la necesidad de previsibilidad. Ansían una rutina semanal consistente que tenga muy pocas (o ninguna) desviaciones. Por ejemplo, si están acostumbrados a jugar durante 30 minutos después del colegio, esperan eso todos los días. Si sustituyes esa actividad por otra, como ir rápidamente al supermercado o pedirles que hagan los deberes, se resistirán.

Para un niño sensible e hiperactivo, la previsibilidad representa seguridad. Es una forma de equilibrar sus enormes cantidades de energía y de ayudarles a mantener los pies en la tierra. Cuando a tu hijo le cuesta regular sus emociones y comportamientos, estar en un entorno predecible puede ayudarle a reducir el estrés y despejar la mente.

Una forma de crear previsibilidad es establecer una rutina. Seguir la misma secuencia de tareas, de forma regular, puede ayudar a su hijo a mantenerse organizado y a mejorar la gestión del tiempo. Una rutina es también una herramienta eficaz para enseñar a su hijo a autocontrolarse. Cuando se sienta abrumado, puede centrarse en tareas que estén bajo su control.

También notará menos luchas de poder cuando su hijo tenga una rutina predecible. En su mente, hay ciertas tareas que deben realizarse a diario, como lavarse los dientes, hacer los deberes y completar la tarea doméstica asignada. Además, ver que el resto de la familia sigue sus propias rutinas (por ejemplo, mamá preparando el desayuno y papá dejando a los niños en el colegio) puede ser un incentivo suficiente para que sigan su propia rutina.

Cuanto más crece tu hijo, más importantes se vuelven las rutinas. Los adolescentes, por ejemplo, se benefician de tener una rutina porque puede ayudarles a gestionar múltiples responsabilidades y a desarrollar hábitos saludables. Con la rutina adecuada, tu hijo adolescente puede crear y gestionar un estilo de vida saludable, con muy poca ayuda por tu parte.

Desarrollar rutinas

Crear una rutina diaria parece bastante sencillo. Basta con un calendario y ya está. Pero el problema al que se enfrentan muchos padres es crear la rutina adecuada para sus hijos, una que realmente disfruten y con la que se sientan cómodos practicando de forma constante.

Tu hijo es único y tiene unas necesidades y preferencias muy concretas que muchas rutinas "básicas" no tienen en cuenta. En lugar de imponer una estructura rígida en su vida, ten en cuenta lo que le gusta y lo que no le gusta a tu hijo, en qué momentos del día tiene más energía, qué prefiere hacer después del colegio y cuáles son los mejores momentos para realizar tareas que requieren concentración. Te garantizo que después de hacer estas consideraciones, la rutina que se te ocurra no parecerá genérica.

A continuación se indican tres pasos que pueden ayudarle a establecer una rutina personalizada para su hijo:

Decida por qué está creando una rutina en primer lugar

Antes de empezar a añadir tareas a la rutina de su hijo, tómese un momento y piense en lo que espera conseguir. ¿Por qué es importante que su hijo siga una rutina o que actualice su rutina actual? ¿Cuáles son sus intenciones? ¿Qué espera hacer diferente esta vez? También merece la pena reflexionar sobre cómo desea que se sienta su hijo al llevar a cabo su rutina. ¿Quiere darle más paz y estabilidad a su día? ¿O aumentar su confianza y desafiarle a asumir riesgos?

Escribe a continuación tu propósito para crear una rutina:

_____

_____

_____

_____

_____

Decidir el tipo de rutina

El siguiente paso es decidir el tipo de rutina que vas a establecer. Aquí tienes varias opciones. Por ejemplo, puedes decidir establecer una rutina diaria que abarque las rutinas de la mañana, la tarde y la noche, o puedes doblar la apuesta por una rutina que guíe a tu hijo en un momento concreto del día.

Si estás introduciendo el concepto de rutina por primera vez, empieza con una rutina que se centre en un momento específico del día (por ejemplo, la rutina de la mañana). Una vez que su hijo haya aprendido esta rutina, puede introducir una rutina para acostarse, hasta que finalmente tenga una rutina diaria establecida.

Organice su rutina

Ahora que ha elegido el tipo ideal de rutina, es el momento de hacer una lluvia de ideas sobre las distintas tareas, hábitos o rituales que le gustaría incluir. Tenga en cuenta que estas tareas, hábitos o rituales se llevarán a cabo de forma continuada, así que asegúrese de que sean sencillos y prácticos. También conviene tener en cuenta lo que funciona o no funciona actualmente con su hijo. Por ejemplo, ¿cuáles son las actividades que le gustan o de las que suele quejarse?

Recuerda que, aunque seas tú quien construya esta rutina, serán ellos quienes la impulsen. Si tu hijo es lo bastante mayor, invítale a participar en la lluvia de ideas sobre las prácticas a incluir. Conseguir su "aceptación" desde el principio reducirá la resistencia cuando finalmente pongas en práctica la rutina.

Después de trazar la rutina, busca distintas formas de representarla visualmente. Para los niños más pequeños, puedes imprimir un póster con dibujos que muestren las distintas actividades o crear un vídeo que muestre cómo se realiza cada actividad. Los niños mayores se sentirán más cómodos leyendo un calendario con códigos de colores o teniendo una lista de tareas que puedan marcar cada día. Coloca el horario en varios lugares de la casa para que tu hijo recuerde sus expectativas a diario.

Prepárate para tener algunos contratiempos durante las primeras semanas de aplicación de la rutina. Tu hijo aún se está familiarizando con la nueva estructura y es posible que no siempre acierte con los tiempos. Los niños mayores pueden incluso resistirse a hacer determinadas tareas. Deje claro que todas las tareas son obligatorias; sin embargo, pueden reordenarlas o ajustar los plazos asignados para que se adapten mejor a sus necesidades.

Las rutinas diarias pueden ajustarse varias veces, pero hacerlo requiere un esfuerzo de colaboración y una negociación eficaz por parte de ambos. Negarse a realizar cualquier tarea diaria acarreará consecuencias.

Controlar el miedo al cambio de su hijo

La aversión al cambio hace que probar nuevas rutinas sea difícil para los niños con TDAH. Puede que entiendan por qué la rutina es beneficiosa, pero no pueden evitar sentirse mal preparados para las formas en que cambiará su sentido de lo "normal".

Aceptar el cambio requiere mucha energía mental y física. Tu hijo tiene la enorme tarea de aprender y memorizar nuevas prácticas y llevarlas a cabo a diario. Si antes tenían menos expectativas que cumplir, la nueva rutina puede resultarles abrumadora.

Por ejemplo, un niño puede negarse a asistir a clases extraescolares de ciencias porque antes no se esperaba que lo hiciera. Además, tener que dedicar más tiempo y energía a una asignatura que no les gusta (o que no se les da bien) no es un gran incentivo. Por lo tanto, aunque entiendan el beneficio de asistir a clases extra de ciencias, se resistirán cada vez que se les obligue a asistir a una.

Esto puede causarle mucha confusión y frustración como padre. Por mucho que quieras ayudar a tu hijo en todo lo posible, los cambios positivos que intentas introducir siempre encuentran resistencia. La solución no es abandonar la nueva rutina, sino ayudar a tu hijo a desarrollar sus músculos de resistencia. Demuéstrale con tu propia perseverancia y entusiasmo que el cambio es lo mejor que le puede pasar en la vida porque conduce al crecimiento y a una mayor confianza en sí mismo.

A continuación le ofrecemos algunos consejos que puede poner en práctica siempre que esté preparando un cambio o ayudando a su hijo a acostumbrarse a nuevas rutinas:

1. Avise a su hijo

A los niños con TDAH no les gustan mucho las sorpresas debido a su necesidad de previsibilidad. Cualquier cambio sorpresa en la rutina de su hijo puede parecer una emboscada. Tómese su tiempo para hablar de los cambios que se avecinan y de cómo pueden afectar a su hijo. Trate de pintar un cuadro de la vida después de que los cambios se hayan implementado, y asegúreles que la implementación de estos cambios es por su propio bien.

2. Ten en cuenta sus preocupaciones

Es normal que su hijo tenga dudas sobre los cambios que se avecinan. Como a cualquiera, a su hijo no le gusta la idea de salir de su zona de confort y abrazar lo desconocido. Si se muestra preocupado, tómese su tiempo para escucharle y validar sus palabras. No intentes disuadirle de sus preocupaciones ni minimizarlas. Acepta que será difícil aceptar los nuevos cambios y que pueden tardar un tiempo en adaptarse.

3. Evitar cambios múltiples

Cuando introduzca cambios, céntrese en una cosa cada vez. Por ejemplo, si quiere actualizar la rutina matutina de su hijo, cambie una tarea (como levantarse 30 minutos antes) y deje el resto igual. Cuando su hijo se haya acostumbrado a la nueva expectativa, busque otra tarea para cambiar.

4. Ofrezca opciones a su hijo (si es posible)

Otra forma estupenda de prevenir la resistencia es incluir a tu hijo en la fase de planificación. Dígale que está actualizando su rutina y que necesita ayuda para decidir qué tareas incluir. Permítales tomar pequeñas decisiones, como si jugar antes o después de hacer los deberes, o de qué tarea doméstica les gustaría encargarse. Evita darles demasiadas opciones (con dos o tres es suficiente), de lo contrario puede que no sean capaces de tomar una decisión.

5. Recuérdales lo bien que han afrontado otros cambios

A la hora de motivar nuevos cambios, recuerde a su hijo algunos de los cambios que ha superado con éxito en el pasado. Describa algunos recuerdos que demuestren valentía, confianza y resistencia. Asegúrele que los cambios que se avecinan van a suponer un reto, pero que cuenta con las habilidades necesarias para gestionarlos.

Cambio positivo de hábitos mediante el ciclo de hábitos

La idea de crear una rutina es enseñar gradualmente a su hijo hábitos saludables que tienen el potencial de controlar los síntomas del TDAH y reforzar las estrategias de afrontamiento positivas. Cualquier comportamiento que se practique de forma constante tiene la capacidad de convertirse en un hábito. Esto es a la vez aterrador y emocionante, dependiendo del tipo de conductas que su hijo practique con regularidad.

Si observa la rutina actual de su hijo, se dará cuenta de que ya tiene hábitos formados. Por ejemplo, puede que tenga la costumbre de comer los mismos cereales por la mañana, de hacer los mismos comentarios sobre el colegio, de llorar cada vez que acude a una visita médica o de echarse la siesta al volver del colegio. Puedes clasificar sus hábitos como "buenos" o "malos", "productivos" o "improductivos", pero al fin y al cabo todos ellos se basan en la misma estructura, conocida como ciclo de hábitos.

El concepto de ciclo del hábito fue popularizado por Charles Duhigg, en su libro *El poder del hábito*. Consta de tres etapas por las que pasa el comportamiento antes de convertirse en hábito. Estas etapas son:

- **Indicio:** desencadenante ambiental que hace que el cerebro adopte un comportamiento específico.

- **Rutina:** El comportamiento real que se lleva a cabo, de la misma manera, cada vez.

- **Recompensa:** La sensación placentera o validación que se recibe tras realizar la conducta (la recompensa es lo que refuerza determinadas conductas).

Entonces, ¿cómo funciona el ciclo de hábitos? Tomemos el hábito de que su hijo tenga un berrinche cada vez que le acompaña al supermercado. La señal es entrar en el supermercado. La rutina es pedir un dulce y perder los nervios cuando la respuesta es negativa. La recompensa es llamar tu atención y manipularte para que cambies de opinión (lo que, en última instancia, hace que consiga el dulce que estaba pidiendo).

El ciclo de hábitos no sólo refuerza los comportamientos negativos, sino que también puede enseñar a tu hijo comportamientos positivos. Por ejemplo, puede utilizar el ciclo de hábitos para enseñar a su hijo a calmarse cuando se sienta estresado, como cuando está con un grupo de gente. La señal sería asistir a un acontecimiento social, como un cumpleaños, o que le pidan que se mezcle con otros compañeros de clase. La rutina positiva consistiría en respirar profundamente o repetir mentalmente afirmaciones positivas (por ejemplo, "Aquí soy bienvenido" o "Soy una persona amable"). La recompensa sería sentirse mejor consigo mismo y, en consecuencia, tener interacciones positivas con los demás.

También llegará un momento en que identifique un hábito destructivo y necesite romper el ciclo del hábito. Utilizando las mismas tres etapas, puede ayudar a su hijo a desaprender ese hábito o, al menos, a hacerlo tan indeseable que ya no disfrute practicándolo (es decir, que no obtenga las mismas recompensas cada vez que realice la rutina). Para romper el ciclo del hábito, deberá seguir tres pasos:

Identificar la rutina

Podría decirse que el primer paso es el más difícil, porque identificar las señales de tu hijo requiere observación. En el espacio de una hora, puede haber muchos desencadenantes o estímulos a los que reaccione tu hijo. Por lo tanto, encontrar la señal exacta puede ser un proceso de ensayo y error. A continuación te ofrecemos algunas categorías que te ayudarán a aislar la señal:

- ubicación

- gente

- estado emocional

- tiempo

- acción que tuvo lugar antes del desencadenante

Preste atención a dónde se encuentra su hijo cuando tiene lugar el comportamiento destructivo, de quién está rodeado, en qué estado emocional se encuentra, la hora del día y la acción inmediata que tuvo lugar antes de que se desencadenara. Si encuentra patrones recurrentes, como el mismo comportamiento cuando siente una emoción específica, entonces ese (el estado emocional) puede ser el indicio.

Si tu hijo está en el colegio cuando se produce el comportamiento destructivo, escribe un correo electrónico a su profesor y hazle las siguientes preguntas:

- ¿Dónde están cuando se produce normalmente este comportamiento?

- ¿Qué actividad o acción se está llevando a cabo?

- ¿Qué hora es?

- ¿Hay determinados alumnos o adultos presentes?

- ¿Hay personas concretas que parecen provocarlas?

- ¿En qué estado emocional se encuentran inmediatamente antes de la acción?

Identificar la rutina

El siguiente paso es identificar la rutina destructiva. Esto será bastante sencillo, ya que las acciones serán las mismas cada vez que su hijo realice la rutina. Sin embargo, el valor de este ejercicio es mirar detrás del comportamiento y averiguar qué necesidades emocionales está intentando manifestar su hijo cada vez que se comporta de esa manera.

Por ejemplo, cuando su hijo grita a otras personas, puede estar sintiendo que no se le escucha o que se le falta al respeto. La necesidad emocional que intenta expresar es la necesidad de validación y aceptación. Otro ejemplo es cuando tu hijo cuestiona constantemente tus decisiones y se niega a seguir las normas. Puede sentir que intenta controlarle y quitarle sus libertades. La necesidad emocional que intentan manifestar es la necesidad de autonomía y sentido de la identidad.

Tomarse el tiempo necesario para identificar la rutina y ver qué necesidades emocionales se están planteando puede ayudarle a completar el último paso, que consiste en experimentar con diferentes recompensas.

Experimente con diferentes recompensas

Tras aislar la señal e identificar la rutina, el último paso consiste en experimentar con distintas recompensas. Es importante recordar que su hijo no es "fiel" a ningún comportamiento concreto, ya sea positivo o negativo. A lo que son fieles es a las sensaciones placenteras que obtienen cuando realizan determinados comportamientos. Esto significa que si puede incentivar los comportamientos positivos, su hijo podrá desaprender los comportamientos destructivos; sin embargo, ser bueno tiene que ser más ventajoso que ser malo.

Ahora que conoce mejor las necesidades emocionales que subyacen al comportamiento destructivo de su hijo, puede encontrar formas positivas de responder a esas necesidades, sin necesidad de que se porte mal. Por ejemplo, si su hijo necesita validación, puede aumentar la cantidad de elogios y reconocimientos que da a los comportamientos positivos. Así le enseñará a su hijo que portarse bien conlleva muchas recompensas.

Del mismo modo, tendrá que ignorar o retirar la atención de los comportamientos negativos. Cuando tu hijo tenga un berrinche, por ejemplo, continúa con la tarea en la que estabas trabajando y haz como si no te dieras cuenta. No muestres ninguna emoción en tu rostro (ni positiva ni negativa) ni reacciones de ningún modo ante su comportamiento. La falta de atención acabará convirtiendo los berrinches en un comportamiento poco provechoso y, en su lugar, intentará obtener tu validación comportándose bien.

Al igual que para imponer una nueva rutina, romper un hábito destructivo requiere mucho tiempo y práctica. Prepárese para luchas de poder y muchas pruebas por parte de su hijo. Si tiene mucha fuerza de voluntad, seguirá comportándose mal aunque le haya quitado todos los incentivos (por ejemplo, aunque le imponga consecuencias por su comportamiento). Sin embargo, tu trabajo consiste en ser coherente en tus acciones y no mostrar nunca signos de frustración por su comportamiento (recuerda que incluso ver frustración en tu cara puede ser suficiente recompensa para que sigan comportándose mal).

Conclusiones del capítulo

- A los chicos con TDAH no les van bien las sorpresas debido a su necesidad de previsibilidad. Debido a su enorme cantidad de energía, rinden mejor en entornos controlados y organizados.

- Una de las formas de crear un entorno predecible para tu hijo es establecer rutinas. Se trata de tareas específicas que se llevan a cabo cada día, en la misma secuencia.

- Sé previsor a la hora de crear rutinas para tu hijo y piensa en lo que esperas conseguir y en cómo te gustaría que se sintiera cada día. Al trazar su rutina, ten en cuenta lo que le gusta y lo que no le gusta para evitar luchas de poder más adelante.

- Es normal que su hijo tenga miedo a adoptar una nueva rutina. Para ayudarle a superar la transición, comience a hablarle de los próximos cambios con suficiente adelanto y déle espacio para que exprese sus preocupaciones. También puedes incluirles en la fase de planificación pidiéndoles su opinión y permitiéndoles tomar pequeñas decisiones, como la forma de ordenar las tareas.

- La ventaja de crear rutinas saludables es que tu hijo aprende estrategias de afrontamiento positivas que pueden ayudarle a controlar los síntomas del TDAH. Más adelante se convertirán en hábitos que harán que su vida sea mucho más fluida y reforzarán importantes habilidades vitales.

El capítulo final incluirá ejercicios para enseñar a tu hijo a desarrollar hábitos saludables.

Capítulo 6:

Prepare a su hijo para el mundo: desarrolle la conciencia social y la responsabilidad

Conseguir o dar cualquier cosa tiene que ver con las habilidades sociales. El mundo consiste en sentirse cómodo donde uno está y hacer que la gente se sienta cómoda, y eso son las habilidades sociales.
—Penelope Trunk

¿Qué son las habilidades sociales?

Las habilidades sociales son los métodos cotidianos que utilizamos para comunicarnos con los demás. Nos ayudan a comprender cómo reaccionar, interpretar y empatizar con lo que se nos dice. El desarrollo de las habilidades sociales aumenta la conciencia de lo que ocurre a nuestro alrededor y de las formas más adecuadas de responder.

Todos los niños necesitan que se les enseñen habilidades sociales; sin embargo, los niños con TDAH pueden tener dificultades para recordar o saber intuitivamente cómo responder en situaciones sociales. Es posible que necesiten que se les recuerde con regularidad dar las gracias, mirar a los ojos a los demás mientras hablan o ser selectivos con lo que deciden compartir en público.

La razón de estos retos sociales son las bien documentadas deficiencias del funcionamiento ejecutivo del cerebro con TDAH. Mejorar las funciones ejecutivas es posible, pero los investigadores predicen que los niños con TDAH experimentarán retrasos. No obstante, cuanto antes empiece a reforzar las funciones ejecutivas, como aprender a captar las señales sociales, mejor será la conciencia social de su hijo.

Las relaciones con los compañeros son una parte importante del desarrollo de su hijo. A través de estas relaciones, pueden aprender a cooperar, negociar, establecer límites, resolver conflictos y empatizar con los demás. Ver programas de televisión o leer libros en los que se enseñan habilidades sociales simplemente no proporciona la práctica que su hijo necesita. Sin embargo, muchos niños con TDAH no tienen la oportunidad de practicar las habilidades sociales porque, en primer lugar, no se les aborda ni se les acoge en grupos sociales.

Debido a tener retos sociales, tienden a mantenerse alejados de los demás, o a enfrentarse al rechazo social como resultado de ser malinterpretados como "fríos", "groseros" o "desinteresados". Esto crea un círculo vicioso en el que los retos sociales siguen sin resolverse debido a la incapacidad de su hijo para ser sociable. Sin relaciones sólidas con sus iguales, pueden encontrar sustitutos a la conexión en la vida real, como la adicción a la tecnología, o pueden decidir evitar por completo las interacciones sociales y ahorrarse más rechazo.

Lo que es importante destacar es que las habilidades sociales pueden aprenderse. Por ejemplo, un niño pequeño al que le cuesta hablar delante de la clase o hacer preguntas por su incapacidad para iniciar una conversación es totalmente capaz de desarrollar estas habilidades. Puede que necesiten practicarlas regularmente en casa; sin embargo, con el tiempo, los padres verán mejoras. También hay varias formas de reforzar las habilidades sociales en situaciones cotidianas, por ejemplo:

- Debatir las normas sociales en las conversaciones cotidianas, por ejemplo cómo comportarse en clase y no en el patio, o qué decir al saludar a un desconocido y cómo responder.

- Observar comportamientos de personajes de películas o dibujos animados y preguntarle a tu hijo qué hicieron correcta o incorrectamente, y cómo podrían haber respondido de otra manera.

- Representar situaciones habituales con las que se puede encontrar su hijo y cambiar los papeles por turnos (es decir, se representa a sí mismo y luego cambia al papel de la otra persona).

- Anime a su hijo a hablar sobre sus interacciones sociales en la escuela, como con quién juega, cómo se lleva con otros niños y cualquier problema social que pueda tener (por ejemplo, meterse en problemas debido a sus síntomas).

- Jugar a juegos interactivos que fomenten la cooperación, la resolución colectiva de problemas y los turnos. Por ejemplo, Jenga, Pictionary, Uno o Scrabble.

Las ocho etapas del hombre

Erik Erikson fue un psicoanalista y psicólogo del desarrollo alemán-estadounidense, que ideó ocho etapas de desarrollo que comienzan en la infancia y continúan hasta la edad adulta (Mcleod, 2018). Desarrolló estas etapas a través de muchos años de experiencia trabajando con niños y adolescentes en psicoterapia.

Cada etapa presenta una "crisis" psicológica que el niño debe resolver antes de poder avanzar de forma natural a la siguiente etapa. Según Erikson, el fracaso a la hora de superar cada etapa es lo que conduce a problemas psicosociales más adelante en la vida. A continuación se desglosan las etapas y cómo los padres pueden ayudar a sus hijos a superarlas.

Etapa 1: Confianza frente a desconfianza

La primera etapa se aprende cuando el niño es un bebé, alrededor de los dos primeros años de vida. El vínculo sagrado entre madre e hijo es lo que genera confianza y hace que el niño se sienta seguro. Cuando un niño recibe cuidados constantes y predecibles, desarrolla la confianza en su madre, que luego se reflejará en otras relaciones importantes que establezca.

Si no se satisface su necesidad de cuidados constantes y predecibles, pueden percibir el vínculo con su madre como poco fiable y desarrollar un sentimiento de desconfianza o vacilación a la hora de entablar otras relaciones. Lo que los padres pueden hacer durante esta etapa es ser conscientes de cómo tratan a sus hijos y de cómo refuerzan el amor incondicional y la seguridad.

Resultado satisfactorio = El niño desarrolla un sentimiento de esperanza.

Etapa 2: Autonomía frente a vergüenza

La segunda etapa se produce cuando el niño tiene entre 18 meses y tres años. Un niño seguro desarrollará un sentido de la autonomía tras descubrir las diversas cosas que puede hacer con su mente y su cuerpo. Por ejemplo, puede cruzarse de brazos en señal de resistencia o decir "¡No!" cuando algo no le parece bien. Un niño inseguro, en cambio, puede ser renuente a imponerse, por miedo a que sus padres le riñan. Los niños excesivamente controlados o criticados desarrollarán un sentimiento de vergüenza más que de autonomía, y pueden mostrar signos de falta de autoestima y dependencia de su madre.

Resultado satisfactorio = El niño desarrolla fuerza de voluntad.

Etapa 3: Iniciativa frente a culpabilidad

La tercera etapa comienza a partir de los tres años y continúa hasta que entran en la escuela formal. Es el momento en que el niño aprende a explotar su imaginación activa, diversas formas de jugar con los demás y a turnarse para dirigir y seguir. En el caso de los niños pequeños, suele ser cuando experimentan con su propia fuerza y pueden adoptar comportamientos que padres y profesores consideran agresivos.

Como van a tener muchas más interacciones sociales, sobre todo con otros niños en edad preescolar, el objetivo es que aprendan a jugar de forma responsable, a cooperar en grupo y a tomar decisiones teniendo en cuenta a los demás. Estas habilidades enseñan al niño a tomar la iniciativa y a sentirse cómodo expresándose. Cuando se critica o se castiga su autoexpresión o su toma de decisiones (por ejemplo, cuando se les grita por hacer preguntas), pueden desarrollar un sentimiento de culpa e inadecuación personal. Demasiada culpa puede hacer que el niño tenga miedo de compartir abiertamente sus pensamientos y sentimientos con los demás.

Resultado satisfactorio = El niño desarrolla un sentido del propósito.

Fase 4: Industria vs. Inferioridad

La cuarta etapa comienza alrededor de la edad escolar, cuando el niño aprende a leer, escribir, practicar sumas y realizar tareas por sí mismo. Tanto los padres como los profesores desempeñan un papel importante durante esta etapa, ya que son ellos quienes pueden impartir las habilidades. El niño puede empezar a notar diferencias entre él y sus compañeros, como no ser capaz de captar conceptos tan rápidamente como otros niños, o no ser el chico "cool" del patio.

La forma en que se relacionan con su grupo de iguales es lo que puede reforzar su confianza o provocar una falta de autoestima. El niño puede sentir el deseo de demostrar competencias en algún ámbito de su vida para ganarse la aprobación de sus compañeros y desarrollar un sentimiento de autoestima. Los padres pueden alimentar este deseo inscribiendo a su hijo en deportes, clubes de teatro, clases de arte y otras actividades que puedan ayudarle a desarrollar su autoestima y reforzar habilidades vitales para la vida. No hacerlo puede hacer que el niño empiece a dudar de sus capacidades o a creer que hay algo intrínsecamente malo en él.

Resultado satisfactorio = El niño desarrolla competencias.

Etapa 5: Confusión entre identidad y papel

La quinta etapa se produce entre los 13 y los 20 años. Es la etapa en la que el adolescente se convierte en adulto. Uno de los temas centrales de su vida será descubrir quién es y en qué cree. Es habitual que el niño tenga dudas sobre lo que le han enseñado a lo largo de su vida, o sobre las normas que se espera que siga. Aunque esto pueda verse como un acto de rebeldía, simplemente están intentando construir su propio sistema de creencias y dar sentido a comportamientos que han seguido ciegamente.

Cuando los padres validan los sentimientos de sus hijos y les permiten estar en desacuerdo con las normas o negociarlas, les están ayudando a individualizarse, es decir, a construir una identidad separada de la de sus padres. Esto no debe confundirse con la permisividad, que consiste en complacer los deseos del niño y tener pocas expectativas sobre su comportamiento. Los padres siguen siendo responsables de proporcionar un entorno estructurado y aplicar la disciplina; sin embargo, permiten al niño explorar su identidad, hacer preguntas y afirmar sus propias creencias.

Si no consiguen establecer un sentimiento de identidad y afirmar sus propias creencias, se confundirán de rol. En otras palabras, puede que no entiendan qué función deben desempeñar en la sociedad, cuáles son sus pasiones e intereses o qué contribución significativa pueden hacer en la vida de los demás. La confusión de roles puede causar mucha ansiedad y hacer que el niño no se sienta preparado para la vida adulta. El papel de los padres es animar al niño a explorar distintos intereses, aficiones y ocupaciones para decidir qué estilo de vida le conviene.

Resultado satisfactorio = El adolescente desarrolla la fidelidad.

Etapa 6: Intimidad frente a aislamiento

La sexta etapa se produce entre los 18 y los 40 años. La principal "crisis" para el joven adulto a medida que se enfrenta a nuevas experiencias es la de formar relaciones íntimas genuinas con otras personas. Por primera vez, tienen más ganas de entablar relaciones duraderas con personas que no sean miembros de su familia, y el éxito de estas relaciones conduce a la seguridad, la compasión y el compromiso.

No todos los adultos jóvenes son capaces de desarrollar una verdadera intimidad con los demás o de mantener relaciones sanas y duraderas durante la edad adulta. El conflicto que pueden experimentar en las relaciones está causado, en cierta medida, por el apego temprano desarrollado con su madre.

Por ejemplo, si el hombre o la mujer se sintieron seguros, cuidados y validados por su madre cuando eran bebés, es más probable que se muestren abiertos y confiados en las relaciones íntimas. Sin embargo, si la relación con su madre fue impredecible y careció del afecto que los niños necesitan para sentirse seguros y cuidados, pueden evitar la intimidad y temer el compromiso como adultos, lo que a menudo conduce a la soledad y el aislamiento.

Resultado satisfactorio = El adulto está abierto a dar y recibir amor.

Etapa 7: Generatividad frente a autoabsorción

La séptima etapa se produce en la madurez, cuando el hombre o la mujer adultos sienten una llamada interior a dejar huella en el mundo. Pueden interesarse por la tutoría o por contribuir positivamente a la vida de los demás. Seguir esta llamada interior conduce a una sensación de logro, mientras que no actuar en consecuencia provoca sentimientos de estancamiento y desconexión con el trabajo, la familia y la comunidad en general.

Resultado satisfactorio = El adulto se preocupa profundamente por los demás.

Etapa 8: Integridad contra desesperación

La octava etapa comienza a los 65 años y continúa durante el resto de la vida del adulto. Durante este tiempo, pueden reflexionar sobre su infancia, adolescencia y experiencias de la edad adulta y determinar si su vida ha tenido sentido o no. Si han sido capaces de sortear y resolver con éxito estas crisis psicosociales (de la etapa 1 a la 7), desarrollarán la integridad, mientras que el fracaso en sortear y resolver algunas o todas estas crisis les llevará a la desesperación.

Resultado satisfactorio = El adulto desarrolla la sabiduría.

Estas ocho etapas del desarrollo no deben tomarse como una prescripción sobre cómo educar a su hijo, sino más bien como una descripción de cómo podría desarrollarse la mente psicológica de su hijo a lo largo del tiempo. Hay muchos otros factores que pueden influir en el crecimiento de su hijo y que no se mencionan en estas ocho etapas; por lo tanto, considere que estas etapas son solo una forma de explicar el proceso de cómo su hijo desarrolla una personalidad y aprende importantes habilidades sociales.

Enseñar a su hijo responsabilidad social

La responsabilidad social se refiere a la comprensión de cómo nuestras acciones repercuten en los demás. Cuando somos conscientes de las consecuencias de nuestros actos, tenemos la oportunidad de cambiar.

Las relaciones con los compañeros son un aspecto importante del desarrollo de su hijo, y la forma en que se desenvuelve en entornos sociales determina el impacto que tiene en la vida de los demás. Ningún padre quiere que su hijo se aleje de un grupo por no ser consciente de cómo sus acciones afectan negativamente a los demás. Por eso, enseñar a su hijo a ser socialmente responsable puede aumentar su confianza en sí mismo y protegerle del escrutinio público.

La responsabilidad social comienza con la rendición de cuentas. Tu hijo no nació con el sentido de la responsabilidad, los niños en general no lo tienen. Durante la mayor parte de su infancia, tu hijo depende de ti para satisfacer sus necesidades. Por eso puede responder negativamente a las normas o a que se le asignen tareas. Nunca han tenido que responsabilizarse de sus actos, ¿por qué ahora?

El peligro que corren muchos padres es pensar que sus hijos son demasiado jóvenes para exigirles responsabilidades. Esto no es cierto. Sí, por supuesto, las tareas que se asignan a los niños deben ser apropiadas para su edad; sin embargo, estableciendo expectativas para su comportamiento, a cualquier edad, es como aprenden a ser responsables. Cuando tu hijo se porta mal, por ejemplo, es de esperar que haya una consecuencia. La consecuencia es una herramienta utilizada para enfatizar la expectativa de portarse bien.

La responsabilidad en casa se traduce en responsabilidad en la escuela u otros espacios sociales. Esto se debe a que el comportamiento que se refuerza en casa se refuerza en público. Puede que su hijo no se comporte bien todo el tiempo en entornos sociales, pero es más capaz de autocorregirse. Por ejemplo, si se le enseña en casa que es de mala educación hablar por encima de la gente y se le imponen consecuencias cada vez que comete esa conducta, será más consciente de que debe dejar hablar a los demás en los entornos sociales.

Lo mismo puede decirse de enseñar a su hijo a cooperar y turnarse durante el juego en casa, o a respetar el espacio personal de los demás. Hacerles responsables de estos comportamientos mientras están en un entorno seguro y cómodo les proporciona suficiente práctica para cuando se esperen esas habilidades socialmente. Cuanto antes empieces a enseñarles a rendir cuentas, mejor. A diferencia de los adolescentes, los niños más pequeños son menos propensos a cuestionar la necesidad de asumir responsabilidades y rendir cuentas de sus actos.

Una buena estrategia para reforzar la responsabilidad es dejar claro a su hijo que se está comportando de forma responsable y que usted está orgulloso de él por haber elegido esas acciones.

Por ejemplo, después de que su hijo termine una tarea, puede decirle:

- "Estoy orgulloso de ti por cumplir con tu responsabilidad".

- "Me gusta cómo has manejado esa responsabilidad".

- "Sabías que era tu responsabilidad hacerlo, y estoy orgulloso de que lo hayas hecho".

- "Te recompenso con 10 minutos más de pantalla porque has cumplido con tu responsabilidad".

También puedes explicar cuáles son sus responsabilidades siendo específico. Por ejemplo, puede decir:

- "Cuando no entiendas un concepto en clase, es tu responsabilidad levantar la mano y hacer una pregunta".

- "Ya que querías que tuviéramos un perro, es tu responsabilidad alimentarlo".

- "Todos tenemos tareas domésticas, y tu responsabilidad es ayudarme a preparar la cena".

- "Cuando juegues con tu amigo, es tu responsabilidad compartir los juguetes".

Ser deliberado a la hora de señalar las tareas que son responsabilidad de tu hijo hace que sea consciente de sus actos. Dar recompensas después de que hayan cumplido con sus responsabilidades también es una forma estupenda de fomentar comportamientos fiables. Durante las conversaciones, también puedes recordar a tu hijo tus responsabilidades.

Por ejemplo, por la mañana, alrededor de la mesa del desayuno, puedes recordarle tu responsabilidad de ir a trabajar, o cuando tenga dificultades en el colegio, puedes asegurarle que es tu responsabilidad ofrecerle apoyo y ayudarle a gestionar los retos del aprendizaje. Tu hijo acabará aprendiendo que todo ser humano, sea joven o mayor, debe asumir su parte de responsabilidad.

Conclusiones del capítulo

- Las habilidades sociales son las herramientas que utilizamos para construir y mantener relaciones con los demás. A medida que tu hijo crezca, necesitará desarrollar estas habilidades para poder interactuar positivamente con sus compañeros.

- Debido a deficiencias en el funcionamiento ejecutivo de su cerebro, su hijo puede tener dificultades para captar las señales sociales, empatizar o juzgar los comportamientos más apropiados en entornos sociales. Sin embargo, esto no significa que no puedan mejorar su conciencia social.

- Las ocho etapas del desarrollo de Erik Erikson son un modelo útil para explicar cómo mejoran la personalidad y las habilidades sociales de tu hijo a medida que crece.

- Cuando es un bebé, su principal necesidad es confiar en que usted cuidará de él y, a medida que crece, empieza a desear más autonomía, competencia y un sentimiento de identidad personal. Superar con éxito estas etapas ayuda a tu hijo a adaptarse bien y a sentirse seguro de sí mismo.

- Es importante enseñar a su hijo a ser socialmente responsable, lo que significa ser consciente de cómo sus acciones repercuten en los demás. La mejor manera de enseñarles responsabilidad social es hacerles responsables de sus actos desde una edad temprana. La responsabilidad empieza en casa y se extiende a otros ámbitos de la vida del niño.

- La sociedad ya impone expectativas a los niños; por tanto, es justo que empiece a enseñarles comportamientos deseables. Déjele claro que se espera de él que mantenga determinados comportamientos, realice determinadas tareas y trate a los demás de una determinada manera. Si lo consiguen, recibirán recompensas, pero si no lo hacen, habrá consecuencias.

Capítulo 7:

Caminar una milla en los zapatos de otro

La empatía es ver con los ojos del otro, escuchar con los oídos del otro y sentir con el corazón del otro.
—Alfred Adler

TDAH y empatía

La empatía es la capacidad de ponerse en el lugar de otra persona y, por un breve instante, conectar con lo que puede estar pensando o sintiendo. Esta habilidad es increíblemente difícil de aprender para cualquier individuo, y muchas veces los adultos muestran signos de carecer de empatía.

Lo que hace que la empatía sea difícil de aprender es que requiere una gran dosis de inteligencia emocional (IE). Podemos describir la Inteligencia Emocional como la capacidad de reconocer y gestionar tus emociones, así como de reconocer y responder adecuadamente a las emociones de los demás. Hay que enseñar a los niños a detenerse y darse cuenta de sus emociones, y a describir lo que son y el impacto que conllevan. Esto les ayuda a ser más conscientes de las mismas emociones que muestran los demás y de los posibles retos que pueden estar experimentando.

Injustamente, se dice que los niños con TDAH carecen de empatía. La gente se apresura a percibir su distracción, sus miradas vacías o sus respuestas inadecuadas a las señales sociales como signos de desinterés o grosería. Sin embargo, no es así. Los niños con TDAH se preocupan profundamente por los demás, y a veces incluso más que los niños neurotípicos, debido a su naturaleza sensible. Desean expresar compasión y comprensión, pero no siempre lo hacen bien.

Por ejemplo, puede que a tu hijo no le resulte natural consolarte con un abrazo cuando nota que estás disgustado. No es porque no le guste abrazar (aunque puede ser así si es sensible al tacto), sino más bien porque no es consciente de que necesitas un abrazo. Puede que tengas que decirles claramente: "¿Me das un abrazo?" para que respondan con afecto, de lo contrario no podrán reaccionar instintivamente de esa manera.

Otro ejemplo es cuando su hijo dice algo inapropiado que resulta brusco y grosero. Por ejemplo, en lugar de validar los sentimientos de alguien (por ejemplo, "Me imagino por lo que estás pasando"), puede cuestionar su capacidad para tomar decisiones (por ejemplo, "¿Cómo puedes ser tan estúpido?") Algunos niños, especialmente los adolescentes, que se sienten incómodos con sus propias emociones pueden reaccionar con un comportamiento ingenuo en situaciones muy emotivas. Para otros, esto puede parecer insensible; sin embargo, en realidad no es esa su intención.

La dificultad para mostrar empatía puede poner a prueba las relaciones de su hijo. Por ejemplo, en la escuela, pueden ser mal juzgados y acosados por no ser capaces de responder adecuadamente en situaciones sociales. Como los chicos no suelen expresar sus emociones, practicar la empatía también puede resultarles incómodo o vergonzoso. Reforzando esta valiosa habilidad en casa, puede ayudar a su hijo a ser más consciente y a sentirse más cómodo con sus propias emociones y las de los demás.

Estrategias por edades para desarrollar la empatía de su hijo

La empatía funciona cuando uno está conectado con sus propias experiencias emocionales. Esto es increíblemente difícil de entender o practicar para los niños, ya que todavía están intentando dar sentido a sus propios sentimientos. Es habitual que un niño no sea consciente de los sentimientos de los demás o que pierda oportunidades de expresar simpatía. Sin embargo, como cualquier otra habilidad de autorregulación, la empatía puede desarrollarse.

A continuación te ofrecemos algunas estrategias adecuadas a la edad de tu hijo que pueden ayudarle a ser más empático:

Niños de 3 a 8 años

A los preescolares puede resultarles difícil ver más allá de sus propias necesidades. El acto de "compartir", por ejemplo, lo ven como una pérdida y no como algo que puede reforzar las relaciones entre iguales. Además, en sus esfuerzos por imponerse, pueden ser bruscos o actuar de forma poco amable. En esta etapa, su hijo puede necesitar que le recuerden que debe tratar a los demás como le gustaría que le trataran a él.

He aquí algunas estrategias que puedes poner en práctica en casa:

1. Leer historias

Al escuchar los cuentos, su hijo puede visualizar distintos comportamientos y cómo pueden afectar a los demás. Por ejemplo, un personaje de cuento que no es amable puede acabar perdiendo a sus amigos. Mientras lee un libro, también puede detenerse y preguntarle cómo se sienten algunos personajes por los comportamientos que muestran hacia ellos.

2. Crear un paquete "We Care"

Un paquete "We Care" es una caja que contiene artículos como pañuelos de papel, chocolate, peluches y una tarjeta con una nota, para consolar a alguien cuando está disgustado. Tanto usted como su hijo pueden colaborar en la preparación de un paquete "We Care" para casa (asegúrese de tenerlo siempre lleno) y otro para sus compañeros de clase, profesores o cualquier otra persona que su hijo reconozca que está pasando por un momento difícil y necesita cariño y apoyo.

3. Corregir el comportamiento a medida que se produce

Si sorprende a su hijo siendo poco amable o agresivo con otros niños, actúe inmediatamente. Llévelo aparte y explíquele por qué ese tipo de comportamiento es inaceptable. Utiliza frases como "¿Cómo crees que se siente el otro niño?" o

"¿Cómo te sentirías si te arrebataran los juguetes?" para darles algo de perspectiva.

Evite utilizar un tono o lenguaje agresivo cuando corrija a su hijo, ya que esto puede hacerle sentir culpable por hacerse valer, lo cual no está mal. Lo que estuvo mal fue su elección de reacción, y ésta puede modificarse cuando tu hijo crea que puede hacerlo mejor la próxima vez.

4. Jugar a las charadas de las emociones

Las charadas de emociones son un juego divertido e interactivo para enseñar a tu hijo a describir cómo se siente él mismo o cómo se siente otra persona. Para jugar, una persona se levanta e imita una emoción concreta con gestos y sin hablar. Los demás jugadores se turnan para adivinar qué emoción está representando. El que acierta, se levanta e imita otra emoción. Este juego es adecuado para jugar con toda la familia.

5. Observar a los demás

Observar a la gente es una forma estupenda de aprender a leer diferentes expresiones faciales, así como otras señales no verbales. Puede llevar a su hijo al parque y pasar un rato observando a la gente. Ayúdele a fijarse en señales concretas, como los brazos cruzados de un niño o la cabeza baja hacia el suelo, y en lo que pueden estar comunicando. Por ejemplo, puede decirle: "¿Ves a esa niña que está dando pisotones? Creo que puede estar enfadada con su madre por haberle dicho "hora de ir a casa". ¿Qué crees que siente?".

Niños de 9 a 12 años

Lo mejor de la etapa preadolescente es que tu hijo está empezando a construir un sentido de sí mismo. Su personalidad puede ser más evidente que nunca y es capaz de hacer valer sus necesidades, aunque eso signifique desafiar a los demás. Sin embargo, esto también puede significar que estén menos dispuestos a ceder, que ofendan a los demás con sus opiniones firmes y que respondan de forma inadecuada en situaciones sociales. A esta edad, su hijo puede necesitar que le enseñen a ser consciente de los límites de los demás y a ser más sensible cuando alguien está visiblemente enfadado.

He aquí algunas estrategias que puedes poner en práctica en casa:

1. Establecer límites

Es importante que tu hijo se sienta seguro en compañía de los demás, de lo contrario no podrá abrirse a ellos. Ayúdele a elaborar una lista de situaciones sociales que le hacen sentirse incómodo en casa y en el colegio. Por ejemplo, que un hermano irrumpa en su habitación, que se espere de él que abrace a alguien o que un compañero le insulte.

Una frase sencilla que puedes enseñar a tu hijo es: "No me gusta cuando [menciona el comportamiento molesto]. Por favor, no lo hagas". Por ejemplo: "No me gusta que me tomes fotos. Por favor, no lo hagas".

2. Respetar los límites de los demás

Enseña a tu hijo que las personas también tienen gustos y aversiones. Por ejemplo, puede que a su hermano mayor no le guste que el pequeño juegue con sus aparatos. O puede que a un compañero de clase no le guste que se siente demasiado cerca de él. Una de las formas de que aprendan a respetar los límites de los demás es pedir permiso siempre que quieran una determinada respuesta o acción de alguien. Puedes enseñarles a decir:

- "¿Me das un abrazo?"

- "¿Está bien si juego contigo?"

- "¿Puedo ver tu juguete?"

- "¿Puedo entrar en su habitación?"

- "¿Puedo sentarme a tu lado?"

Pedir permiso no siempre conduce a la respuesta que se espera, y eso está muy bien.

3. Visualizar las interacciones amorosas

La visualización tiene la capacidad de cambiar positivamente los comportamientos. Cuantas más veces visualices una emoción concreta y las distintas formas en que puede sentirse y experimentarse, más en sintonía estarás con ella.

Guíe a su hijo a través de un ejercicio de visualización. Pídales que piensen en alguien a quien quieren y que vive en otra ciudad o estado, y que le envíen pensamientos positivos. Una vez que se hayan familiarizado con este guión, puedes pedirles que piensen en un momento en el que se sintieron disgustados y envíen pensamientos positivos a esa versión de sí mismos, o a compañeros de clase que puedan estar pasando por un mal momento y necesiten pensamientos positivos.

4. Crear mapas de empatía

Los mapas de empatía son una forma estupenda de preparar a tu hijo para futuras situaciones emocionales y para saber cómo comportarse en esos momentos. Coge una cartulina grande y unos marcadores. En la hoja, dibuja cuatro grandes círculos y dentro de cada uno escribe las palabras: sentir, pensar, decir, hacer.

Propóngale una situación de la vida real y pídale que escriba lo que podría sentir, pensar, decir o hacer en ese caso. Por ejemplo, si uno de sus amigos se sintiera molesto porque le acosan, ¿qué sentiría, pensaría, diría o haría? Puedes guiarle a lo largo de los pasos y ofrecerle ideas.

Ayúdele a reconocer que no siempre es fácil saber qué sentir o pensar en situaciones nuevas, intensas o incómodas, y que a veces está bien expresar no saber qué hacer. Por ejemplo, si su hijo no sabe cómo responder a una emoción intensa como el llanto o el enfado, podría decir: "Veo que estás enfadado y siento que te sientas así. Pero ahora mismo no sé qué decirte para que te sientas mejor". Ensaya las distintas respuestas con tu hijo para que se sienta seguro de responder adecuadamente.

5. Enseñar la validación emocional

La validación emocional consiste en reconocer los sentimientos de otra persona sin juzgarla. Es simplemente permitir que se expresen y que no se sientan mal por hacerlo. Puedes enseñar validación emocional ayudando a tu hijo a escuchar sin interrumpir a los demás. Jueguen juntos a un juego en el que cada persona tiene un turno para sostener el "micrófono" (puede ser una cuchara de madera). Quien sostenga el micrófono tiene la oportunidad de hablar, mientras que la otra persona debe escuchar atentamente para poder repetir lo que se ha dicho.

También puedes enseñar a tu hijo a ser tolerante con las opiniones y creencias diferentes. Por ejemplo, cuando no estén de acuerdo con lo que se dice, no tienen por qué reaccionar cerrando la conversación o demostrando por qué ellos tienen razón y la otra persona está equivocada. Haz hincapié en que cada persona es única y ve el mundo de forma diferente y que, a pesar de las diferencias evidentes, pueden permitir que los demás hablen y se expresen.

Chicos 13-17

Los adolescentes sienten muchas emociones intensas debido al aumento de las hormonas en su cuerpo; sin embargo, la mayoría de las veces no saben cómo manejar sus emociones fuertes. Es habitual que desarrollen conductas de enmascaramiento, como mostrarse estoicos, distantes o desinteresados, como forma de protegerse de tener una "sobrecarga de emociones". A esta edad, su hijo necesita saber que está bien que tenga y exprese grandes sentimientos. Cuanto más cómodo se sienta con sus emociones, más fácil le resultará responder a las emociones de los demás.

He aquí algunas estrategias que puedes poner en práctica en casa:

1. Debatir la actualidad

Acostúmbrese a hablar de temas de actualidad con su hijo. Hágales preguntas sobre su opinión acerca de los cambios que se están produciendo en la sociedad. Explore el caso estudiado desde múltiples perspectivas, incluida la forma en que la situación podría afectar a las empresas, los hogares y las comunidades. También puedes pedirles que compartan posibles soluciones que puedan mejorar la situación.

2. Apoyar una causa social

Anime a su hijo a dedicarse a una causa social. Cada año pueden elegir una causa diferente que les interese. Busque formas de participar en proyectos locales y de concienciar a la gente sobre la causa. Su hijo debería tomar la iniciativa, aunque usted puede ayudarle a ponerse en contacto con las personas adecuadas que pueden contribuir positivamente.

3. Diario

Escribir un diario puede ayudar a su hijo a compartir sus pensamientos y sentimientos sobre el papel. Lo mejor de esta práctica es que es privada y puede completarse al ritmo de su hijo. Por ejemplo, cada día o cada semana, puede fijarse el objetivo de escribir en su diario un apunte sobre su día, los retos a los que se enfrenta o cómo se siente ante los acontecimientos que se avecinan. Nadie más tiene acceso a estas anotaciones, a menos que decidan compartirlas. El objetivo del diario es ayudarles a dar sentido a lo que les cuesta expresar a los demás.

4. Apúntate a clases de interpretación

La versión adulta del juego de simulación es una clase de interpretación. Si es una actividad que le gusta a tu hijo, puede que le resulte una forma estupenda de expresarse. Lo bueno de actuar es que tu hijo puede meterse en distintos papeles e imaginar lo que necesita y desea cada personaje. En la vida real, esto puede ayudarles a aprender a reconocer las necesidades y deseos de los demás.

5. Técnica de la silla vacía

La técnica de la silla vacía es un ejercicio que los terapeutas utilizan para ayudar a los clientes a ver una situación desde la perspectiva de la otra persona. Se colocan dos sillas una frente a otra y el cliente va pasando de una silla a otra por turnos, expresando cómo se siente desde distintos puntos de vista (el suyo y el de la otra persona).

Siempre que su hijo se enfrente a un conflicto interpersonal, como por ejemplo estar en desacuerdo con un amigo o un profesor, puede enseñarle la técnica de la silla vacía. Pídele que se siente en una silla y simule que su amigo o profesor está sentado en la otra silla. Anímale a expresar cómo se siente, desde su punto de vista, durante tres minutos.

Cuando hayan pasado los tres minutos, diles que respiren hondo y cambien de silla. Durante los tres minutos siguientes, rétales a que respondan como la otra persona, expresando cómo podrían sentirse. Continúa cambiando de silla hasta que tu hijo empiece a tener una visión justa y equilibrada de la situación.

Practicar la empatía mediante la comunicación asertiva

Usted quiere que su hijo se sienta seguro de sí mismo y que sepa cómo afectan sus palabras y su comportamiento a los que le rodean. La comunicación asertiva es una gran herramienta de comunicación que puede enseñar a tu hijo a expresar sus pensamientos y sentimientos sin recurrir a un lenguaje o comportamiento agresivo o inapropiado. Con el tiempo, esto puede reforzar la confianza en sí mismo y ayudarle a valorar sus propios límites.

El primer paso para enseñar la comunicación asertiva es definir qué es y en qué se diferencia de otros estilos de comunicación. Una definición adaptada a los niños de la comunicación asertiva es expresar tus necesidades y preocupaciones sin dejar de tener en cuenta las necesidades y preocupaciones de los demás. Es un equilibrio entre ser claro sobre lo que está mal o lo que hay que cambiar, pero con suavidad a la hora de transmitir el mensaje.

Hay otros estilos de comunicación que los niños tienden a utilizar cuando transmiten mensajes, que son la comunicación pasiva y la agresiva. La comunicación pasiva consiste en evitar expresar pensamientos y sentimientos por miedo a ser juzgado o herido por los demás. Un niño que es principalmente pasivo reprimirá sus sentimientos y permitirá que las situaciones hirientes no se aborden. Una vez que esos sentimientos alcanzan el punto de ebullición, pueden tener un arrebato emocional inesperado, que puede ser desproporcionado con respecto al acontecimiento que realmente lo desencadenó.

La comunicación pasiva puede afectar a su hijo de las siguientes maneras:

- Pueden tener miedo de defenderse.

- Permiten que otros crucen sus límites.

- Tienen dificultades para expresar sus necesidades.

- Pueden hablar en voz baja o disculparse innecesariamente.

- Evitan el contacto visual y caminan con el cuerpo encorvado.

La comunicación agresiva lleva la asertividad al extremo. Lo común es que ambos estilos de comunicación son abiertos y comunicativos cuando se trata de hacer valer las necesidades.

Sin embargo, la comunicación agresiva carece de empatía y consideración. Un niño agresivo, por ejemplo, puede expresar rápidamente sus sentimientos heridos, pero lo hace de una forma que también hiere a la otra persona. Por ejemplo, su respuesta a un niño que le arrebata uno de sus juguetes es empujarle, gritarle o arrebatarle el juguete. Estas acciones suelen realizarse en caliente, sin pensar demasiado en las consecuencias.

La comunicación agresiva puede afectar a su hijo de las siguientes maneras:

- Pueden tener tendencia a dominar a los demás (por ejemplo, insistir en mandar).

- Utilizan la humillación, como los insultos o la intimidación, para controlar a los demás.

- Tienden a alterarse muy rápidamente y a reaccionar de forma impulsiva.

- Tienden a hablar alto y por encima de la gente.

- No son capaces de escuchar y considerar el punto de vista de la otra persona.

La comunicación asertiva permite a su hijo abordar los problemas sin comprometer la calidad de sus relaciones. Es capaz de mostrar empatía por lo que pueda estar pasando la otra persona y buscar una solución que pueda funcionar mejor para ambos.

Guión de asertividad DESO

Los conflictos son una parte natural de las relaciones, y es importante preparar a su hijo para estos acontecimientos inevitables que pueden ocurrir en casa o en la escuela. Destaca el hecho de que estar en conflicto con otras personas no es negativo, pero la manera en que se aborda el conflicto a veces puede ser inapropiada. Por ejemplo, los conflictos que se resuelven pegando a los demás o insultándolos son inaceptables porque causan dolor a los demás. Lo mejor es resolver los conflictos comunicando asertivamente las preocupaciones y debatiendo qué se puede hacer de otra manera.

DESO significa "describir, expresar, especificar, resultado". Es una técnica que puede ayudar a su hijo a compartir cómo le afectan los comportamientos indeseables de los demás y a explicar cómo le gustaría que le trataran en el futuro. Siguiendo este guión, pueden conceder a la otra persona el beneficio de la duda (ya que todo el mundo comete errores), pero también responsabilizarla de sus acciones futuras. Por ejemplo, el último paso, "resultado", presenta las consecuencias si el comportamiento de la otra persona no cambia.

Esta técnica puede tener más éxito con chicos adolescentes, debido a su nivel de madurez y a su capacidad para identificar sus necesidades y reflexionar sobre sus propias experiencias. No obstante, ser capaz de abrirse a los demás de esta manera puede resultar incómodo y es posible que necesiten mucha práctica frente al espejo o con otra persona para prepararse para este tipo de conversaciones.

A continuación se indican los pasos para practicar el script DESO:

1. Describa sus preocupaciones o lo que no aprecia

El primer paso es describir la situación o, en la mayoría de los casos, el comportamiento que te ha disgustado. La clave es ceñirse a los hechos, ya que éstos no pueden discutirse. Menciona lo que viste u oíste que te preocupaba.

Una frase como "Has entrado en mi habitación sin pedirme permiso" es un buen ejemplo de cómo describir tu preocupación. Se centra en las acciones más que en el individuo y se comunica de forma objetiva.

2. Expresa cómo te hace sentir el comportamiento

El segundo paso es expresar cómo te hizo sentir esa situación o comportamiento. Lo que es importante recordar es que debes ser dueño de tu experiencia emocional. Tómate un tiempo para pensar en qué emociones se desencadenaron y qué impacto tuvieron. Utiliza frases como "me siento" para mostrar a la otra persona que eres consciente de tus emociones y las asumes como propias. Por ejemplo, al expresar cómo te sientes porque alguien ha entrado en tu habitación sin permiso, puedes decir "Me siento enfadado porque mi habitación es mi lugar seguro".

Otra consideración importante es no asumir las intenciones de la otra persona. Por ejemplo, no des por sentado que han actuado para hacerte daño intencionadamente. Muchas veces, la gente actúa sin pensar en las consecuencias de sus actos; por eso, es bueno dar a la gente el beneficio de la duda.

3. Especifique el comportamiento alternativo que le gustaría ver

El tercer paso consiste en especificar los comportamientos alternativos que le gustaría que se produjeran para corregir el comportamiento indeseable. Cuando sugiera un comportamiento alternativo, tenga cuidado con las palabras que elige. Recuerde que no se trata de una exigencia, sino de una petición. Decir "¡No vuelvas a entrar en mi habitación!" es una exigencia, no una petición. La petición sería: "Por favor, ¿puedes consultarme primero antes de entrar en mi habitación?".

Asegúrese de que el comportamiento alternativo es realista y fácil de seguir. Decirle a alguien que escriba una motivación de 300 palabras antes de entrar en su habitación no es realista ni fácil de seguir. La instrucción debe ser directa, pero también considerada con el tiempo y la energía de la otra persona.

4. (Resultado) Establecer las consecuencias si el comportamiento no cambia.

El último paso es establecer las consecuencias. Este paso es crucial para que la otra persona se responsabilice de su nuevo comportamiento. Por ejemplo, si no cambia su forma de actuar contigo, tiene que saber lo que va a pasar. Puedes utilizar la técnica "Si... entonces..." para explicar las consecuencias. Por ejemplo: "Si vuelves a entrar en mi habitación sin pedir permiso, dejaré de jugar contigo a los videojuegos".

El objetivo de presentar una consecuencia no es asustar a la otra persona, sino demostrarle que te tomas en serio la protección de tus límites. Para evitar amenazas vacías, las consecuencias deben ser sencillas, realistas y estar a tu alcance. Puede que los padres tengan que intervenir y regular los tipos de consecuencias que los hermanos mayores dan a los menores para asegurarse de que no se produce acoso.

Conclusiones del capítulo

- Síntomas como la impulsividad y la distracción hacen que a los chicos con TDAH les resulte más difícil comprender y procesar sus propios sentimientos, y ni siquiera mencionar el intento de comprender los sentimientos de los demás

- Sin embargo, perder oportunidades de validar a los demás o responder adecuadamente en las discusiones no significa que no les importe cómo se sienten los demás. Los chicos con TDAH son extremadamente sensibles hacia los demás, pero no siempre saben cómo expresar su preocupación y mostrar apoyo.

- La buena noticia es que puedes comenzar a cultivar la empatía en tu hijo desde una edad temprana mediante diversas estrategias que lo ayudarán a reconocer y expresar sus propias emociones, así como a ser sensible a las experiencias emocionales de los demás.

- Además, puedes enseñar a tu hijo a defenderse en casa o en el patio sin recurrir a comportamientos agresivos. Esto puede lograrse mediante una comunicación asertiva. La ventaja de esta técnica es que busca fortalecer las relaciones en lugar de romperlas. Se fomenta una resolución que permite a ambas partes alejarse sabiendo cómo tratarse mejor.

El capítulo final incluirá ejercicios para ayudar a su hijo a practicar las habilidades de comunicación asertiva.

Capítulo 8

El enfoque parental positivo para controlar las conductas desafiantes

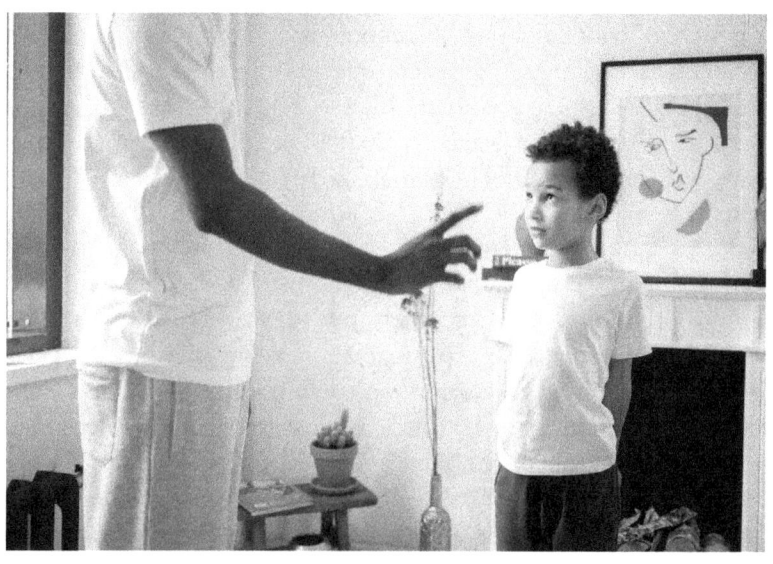

Deje de intentar perfeccionar a su hijo, pero siga intentando perfeccionar su relación con él.
—Dr. Henker

La razón por la que su hijo se porta mal

Como ya se ha mencionado en el libro, todos los niños pasan por varias etapas en las que se portan mal. Si no es durante los terribles dos años, es en la etapa de la pubertad. Los niños con TDAH son más propensos a los cambios de humor y al "mal comportamiento" que los niños sin TDAH. No necesariamente se comportan de manera diferente a los demás niños, pero es posible que sean sorprendidos portándose mal con más frecuencia.

El comportamiento desafiante no es uno de los síntomas del TDAH; sin embargo, como sostiene el psicólogo clínico David Anderson, puede ser el resultado de patrones negativos aprendidos tras años de estar en conflicto con los adultos. Es un hecho conocido que los niños con TDAH se meten en problemas con más frecuencia que los niños sin TDAH. Las investigaciones han demostrado que a los 10 años, los niños con TDAH habrían recibido 20.000 mensajes negativos más que los niños sin TDAH (Jellinek, 2010).

Tener tantas interacciones negativas con los demás, especialmente con padres y profesores, puede hacer que los chicos con TDAH reaccionen de forma agresiva y tomen medidas extremas para protegerse. Puedes pensar en estas reacciones impulsivas como su defensa contra recibir más críticas. Los chicos más introvertidos pueden interiorizar su rabia y desarrollar conductas de evitación, como guardar silencio, evitar interactuar con otras personas, dejar las cosas para más tarde o ser pasivo-agresivos (es decir, cooperar delante de alguien pero desaprobarlo a sus espaldas).

Según el Dr. Anderson, "Si te dicen desde pequeño que tu comportamiento está mal, o que no es lo que se supone que debe hacer un niño, o bien lo interiorizas y empiezas a pensar: 'Realmente hay algo malo en mí', o bien reaccionas de forma agresiva hacia las personas que te dicen que estás equivocado" (Miller, 2023).

Por desgracia para los padres, los chicos con TDAH aprenden rápidamente que sus conductas de evitación funcionan para llamar la atención de sus padres. Cuando un niño llora porque se niega a terminar los deberes, sabe que le cambiarán el objetivo. Tal vez, en lugar de esperar que terminen toda la tarea, sus padres les pidan que hagan la primera página y ellos terminarán el resto. O cuando un adolescente se enreda en una lucha de poder sobre a qué hora tiene que estar de vuelta en casa, sabe que con un poco más de discusión, su progenitor acabará cediendo a sus exigencias.

Por lo tanto, es importante que los padres muestren empatía hacia los retos de sus hijos, pero que al mismo tiempo aborden los comportamientos desafiantes cuando se producen para mostrar a sus hijos las formas aceptables de comunicar sus necesidades, expresar cómo se sienten y negociar las condiciones.

El castigo tradicional no funciona

No todas las formas de disciplina funcionarán con tu hijo, sobre todo si empiezas a imponerla tarde (cuando tu hijo ya ha desarrollado sus propias ideas y creencias sobre el mundo). Además, como los niños con TDAH son más propensos a tener interacciones negativas con los adultos, pueden desarrollar problemas con la autoridad, como bloquear o minimizar lo que les diga un padre o un profesor.

Una forma de disciplina que sin duda no funcionará es el castigo tradicional, que se refiere a las estrategias de gestión del comportamiento que se han utilizado durante siglos como dar una nalgada, aislar o levantar la voz a su hijo.

Como los chicos con TDAH están tan acostumbrados a recibir críticas, gritarles puede no ser suficiente para cambiar su comportamiento. De hecho, en el momento en que empiezas a gritar, suelen subir sus defensas y bloquear tu voz. Corregir el comportamiento con agresividad sólo infunde miedo y, a medida que su hijo crece, puede empezar a perderle el respeto.

Las formas tradicionales de castigo tampoco sirven para modificar el comportamiento de un niño que se porta mal constantemente. Por ejemplo, si vas a poner a tu hijo pequeño con TDAH en tiempo fuera cada vez que se porta mal, puede que acabe sentado en ese rincón la mayor parte del día. Lo mismo ocurre si le pegas a tu hijo cada vez que se porta mal. Lo único que registran en ese momento es el dolor y la violencia, no la valiosa lección que necesitan aprender para sentirse animados a portarse bien.

Otro peligro del castigo tradicional es que lleva a pensar a corto plazo. Cada vez que su hijo se porta mal, se acostumbra a recibir la misma consecuencia, sin entender cómo sus acciones afectan a los demás y cómo puede mejorar la próxima vez. Lo único que comunica es que tu hijo se ha portado mal, pero no explica por qué se ha equivocado ni cómo es el comportamiento "correcto".

Para corregir eficazmente el comportamiento de su hijo, puede que tenga que recurrir a formas modernas de disciplina que se centran en enseñar y reforzar los comportamientos positivos, en lugar de castigar los negativos. Esta forma de disciplina es suave y respetuosa con la sensibilidad de tu hijo a las críticas, pero establece expectativas (y le hace responsable) sobre cómo debe comportarse.

Cinco tipos de disciplina positiva

La disciplina es uno de los deberes de la crianza que no se pueden ignorar. Esto se debe a que lo que los niños aprenden sobre el mundo, y cómo relacionarse con los demás, se enseña en casa. Los padres tienen innumerables oportunidades cada día para reforzar comportamientos socialmente aceptables y alejar a sus hijos de comportamientos socialmente inaceptables, de modo que cuando sus hijos salgan al mundo, tengan confianza en sí mismos para entablar relaciones y desenvolverse en distintos entornos sociales.

La experiencia de disciplinar a tu hijo no tiene por qué ser negativa ni poner a prueba nuestra relación. Si tienes en cuenta la definición de disciplina, que según Oxford Learner's Dictionaries (2023) es "un método para entrenar la mente o el cuerpo o para controlar el comportamiento", verás que en realidad puede ser bueno para tu hijo y, potencialmente, fortalecer nuestra relación.

Para obtener los mejores resultados de la disciplina, puede ser necesario evaluar su enfoque actual. ¿Sigue utilizando formas de disciplina anticuadas que son punitivas y no se centran en el mal comportamiento? ¿Tiende a ser duro o agresivo cuando corrige el comportamiento? ¿O su problema podría ser la falta de disciplina coherente, que hace que su hijo entre en luchas de poder? Aclare qué puede estar haciendo mal para que le resulte difícil modificar el comportamiento de su hijo. Si cree que lo está haciendo todo bien, pero aún así no consigue comunicarse con su hijo, puede que sea necesario hacerle una prueba de detección del TOD.

Teniendo en cuenta que ha encontrado áreas que mejorar, puede experimentar con formas modernas de disciplina que buscan promover comportamientos deseables, a la vez que minimizan el enfoque en los comportamientos negativos. A continuación se presentan cinco tipos de disciplina positiva que resultan muy eficaces con niños discapacitados:

Disciplina basada en los límites

Los niños necesitan un entorno estructurado para sentirse seguros. Sin él, es posible que no aprendan a autorregularse. Sin embargo, lo que es común a todos los niños es que pondrán a prueba los límites que establezcas para ver hasta dónde pueden llegar.

Esto no se hace para debilitar tus normas, sino para que descubran por sí mismos dónde están los límites y qué comportamientos son aceptables e inaceptables. Por ejemplo, puedes establecer la norma de que nadie puede gritar dentro de casa. Tu hijo puede pensar: "Me pregunto qué pasaría si gritara dentro de casa". Puede gritar y esperar a ver qué vas a hacer al respecto.

La disciplina basada en los límites consiste en comunicar claramente a su hijo los límites que usted ha establecido y hacerle responsable de ellos. Estos límites se aplican cada vez que el niño se porta mal, y si no se corrige el comportamiento, se producen consecuencias naturales o predeterminadas. Por ejemplo, si oyes a tu hijo gritar dentro de casa, te acercas a él con calma, te pones a su altura y le recuerdas la norma.

Puedes decir: "No gritamos dentro de casa. Por favor, habla bajo, si no, habrá consecuencias". Si tienen un carácter fuerte, puede que vuelvan a gritar para ver si las consecuencias son reales o falsas. Con la misma actitud tranquila, vuelve a acercarte a ellos, explícales lo que han hecho mal y aplícales inmediatamente una consecuencia. Por ejemplo: "Te he dicho que en casa no se grita, pero has seguido gritando. Ahora te voy a quitar 10 minutos de juego".

Disciplina suave

La disciplina suave consiste en crear un entorno que fomente los buenos comportamientos. Esto implica llevar a cabo medidas preventivas para garantizar que se tienen en cuenta las necesidades y comodidades de tu hijo. Un buen ejemplo es crear rutinas que garanticen que tu hijo duerma lo suficiente, juegue activamente, estimule su mente e interactúe positivamente con los demás. Si conoces sus desencadenantes sensoriales, asegúrate también de vigilarlos o mantenerlos alejados de tu hijo.

Para evitar las luchas de poder, también puedes modificar la forma de comunicarte con tu hijo. En lugar de hablarle con dureza, ralentiza el ritmo, habla más bajo y relaja los músculos faciales. Seguirá siendo capaz de establecer límites y aplicar consecuencias; sin embargo, su mensaje sonará más tranquilizador y es más probable que obtenga una respuesta positiva.

La disciplina suave también consiste en mostrar empatía y anticiparse a las necesidades de tu hijo. Si observas que está hiperactivo y desordenado dentro de casa, puede ser señal de que necesita liberar energía. Sin mencionar el desorden que ha hecho, llama su atención e invítale a jugar fuera. Esta estrategia trata de calmar las situaciones estresantes abordando el problema subyacente.

Disciplina positiva

El cerebro del TDAH busca recompensas y evita cualquier forma de castigo. Centrarse demasiado en lo que su hijo hace mal puede parecerle un castigo. Es posible que se sienta frustrado por no poder estar a la altura de sus expectativas. Sin embargo, elogiar los comportamientos positivos tiene un efecto distinto. Cuando reciben un elogio, puede resultarles muy gratificante y hacer maravillas con su autoestima. Después, se sienten motivados para hacer lo que sea necesario para producir esa misma sensación placentera, lo que les anima a autocorregir los malos comportamientos y a hacer todo lo posible por portarse bien.

La disciplina positiva consiste en utilizar el refuerzo positivo para modificar el comportamiento. Ejemplos de refuerzo positivo son hacer un cumplido sincero a tu hijo, recompensarle por sus progresos y animarle cuando se sienta mal. Cuando se porta mal, puedes verlo como una oportunidad para acercarte a tu hijo, preguntarle cómo se siente y qué puede haberle llevado a comportarse así. Juntos pueden buscar una solución al problema de fondo para que no vuelva a ocurrir en el futuro.

Coaching emocional

A veces los niños se portan mal porque están reprimiendo emociones fuertes y buscan formas de expresar lo que sienten en su interior. Por ejemplo, un niño que tiene un berrinche puede estar simplemente intentando llamar tu atención porque se siente desatendido. El coaching emocional consiste en enseñar a tu hijo a reconocer y expresar lo que siente, para que puedas responder a sus necesidades.

Practicar este método requiere que primero explores y comprendas tus propias emociones y desencadenantes. Te resultará mucho más fácil hablar de emociones con tu hijo cuando te sientas cómodo abriéndote y aceptando diferentes emociones. Su hijo también se sentirá más cómodo siendo vulnerable cuando vea que usted es más receptivo.

También es posible que necesites profundizar en la empatía hacia tu hijo. En lugar de imponerle expectativas de adulto, date cuenta de que aún está aprendiendo a actuar correctamente, a mostrar modales o a pensar con sentido común. Lo que para ti es obvio, no lo es para ellos, y puede que tengas que ser paciente mientras aprenden a comportarse correctamente. No tardes en elogiar los esfuerzos, incluso las pequeñas modificaciones en su comportamiento, y no tardes en señalar los errores.

Modificación del comportamiento

De forma similar a la disciplina basada en límites, la modificación de conducta trata de corregir el comportamiento estableciendo límites y aplicando consecuencias. Sin embargo, la diferencia radica en el énfasis que se pone en las advertencias y las recompensas. Después de establecer un límite, por ejemplo, se hacen varias advertencias (no más de tres), cada una más seria que la anterior, para dar al niño la oportunidad de corregir su comportamiento. El objetivo es enseñarle a ser responsable de poner fin a un mal comportamiento por sí mismo.

Por ejemplo, dile a tu hijo que comparta sus juguetes con su hermano pequeño o se los quitarás. Déjale claro que ésta es la primera advertencia. Si no se corrige, repite el límite con un tono más serio y dile que, si no cambia de comportamiento, le quitarás el juguete. Si sigue sin parar, acércate sin decir nada y aplica la consecuencia.

Las recompensas, en cambio, sirven para fomentar los buenos comportamientos. Siempre que sorprenda a su hijo siguiendo una norma, trabajando diligentemente en una tarea o demostrando buenas habilidades interpersonales, elógielo con palabras, contacto físico o incluso recompensas físicas. También puede utilizar recompensas cuando su hijo haya corregido con éxito su mal comportamiento. Puede decirle: "Gracias por compartir tus juguetes. Estoy muy orgulloso de ti".

Conclusiones del capítulo

- Es habitual que los niños se porten mal; sin embargo, los que padecen TDAH tienden a experimentar problemas de conducta con más frecuencia. Esto tiene que ver con su insistencia en las tareas gratificantes y su resistencia a lo que consideran tareas "castigadoras", como seguir las normas, hacer los deberes, estar callado en clase, etc.

- Los niños con TDAH son criticados con más frecuencia que los niños sin TDAH, lo que puede hacerlos más sensibles a las críticas y propensos a desarrollar patrones de conducta negativos, como gritar cada vez que se sienten atacados.

- Responder al mal comportamiento de tu hijo con agresividad o con formas anticuadas de castigo no es la mejor manera de corregir su conducta. Están tan acostumbrados a meterse en líos que añadir más castigos no les enseñará nada nuevo.

- Un enfoque mejor es aplicar formas modernas de disciplina que busquen comprender por lo que está pasando tu hijo, cómo responder a sus necesidades subyacentes y utilizar el refuerzo positivo para motivarle a mejorar voluntariamente sus comportamientos.

- Para obtener los mejores resultados de estas formas modernas de disciplina, empiece por evaluar qué estrategias de crianza anticuadas puede estar utilizando que no estén siendo bien recibidas por su hijo. Del mismo modo que tu hijo puede crecer, tú también puedes esforzarte por ser un padre más empático, receptivo y alentador.

Capítulo 9

Dale mucha importancia a las recompensas

*Los niños que están acostumbrados a que se les trate bien interiorizan ese
trato y tienen una sensación permanente de bienestar.*
—Victoria Secunda

Su hijo anhela más motivación

Un niño neurotípico puede entrenarse para concentrarse en
tareas con poca o ninguna motivación. Puede que se queje de la
dificultad de la tarea, pero consigue seguir adelante. No ocurre
lo mismo con un niño con TDAH.

Dado que el cerebro del TDAH tiene dificultades para autorregularse, requiere mucha más estimulación para mantenerse concentrado o completar una tarea determinada. Por ejemplo, la mejor forma de que su hijo aprenda información puede ser utilizar gráficos visuales, ver vídeos o cualquier otra cosa que pueda ofrecerle más estimulación que aprender como un loro o tomar notas sin parar. Lo mismo ocurre cuando su hijo tiene que realizar una tarea. Ellos preferirían que usted disfrazara la tarea de "reto divertido" en lugar de una tarea rutinaria.

La razón por la que el cerebro del TDAH ansía tanta estimulación se debe a la búsqueda constante de dopamina, la hormona del "sentirse bien". A diferencia de los cerebros típicos, el cerebro del TDAH no puede pasar largos periodos de tiempo sin excitación. Tal vez esto esté relacionado con la hiperactividad, pero una cosa es cierta: si no se siente bien, es muy probable que el cerebro del TDAH no muestre demasiado entusiasmo o dedicación.

Como padre de un niño con TDAH, es importante darse cuenta de que las recompensas no son un privilegio para su hijo, sino una necesidad. Restringir la cantidad de estimulación ofrecida a su hijo o el refuerzo positivo por buen comportamiento sólo producirá un niño malhumorado, discutidor e infeliz. A diferencia de los niños que no padecen TDAH, necesitan recompensas de forma constante, incluso durante el proceso de realización del trabajo, en lugar de al final. La gratificación a corto plazo es uno de los mejores incentivos para que su cerebro se mantenga alerta y concentrado.

Sin embargo, el subidón de dopamina puede volverse adictivo. Cuantos más estímulos reciba su hijo, más ansiará. En el caso de los niños mayores, esto puede llevarles a experimentar con actividades de riesgo o autodestructivas que proporcionan un "subidón" increíble y acaban provocando dependencias. Por lo tanto, las recompensas deben estar condicionadas a la realización de conductas positivas y saludables, para que su hijo aprenda que llevar un estilo de vida sano le resulta placentero.

Cómo crear un sistema de recompensas

Si vas a repartir recompensas de forma sistemática, merece la pena crear un sistema que te ayude a controlar el comportamiento de tu hijo y a aprovechar cualquier oportunidad para elogiar su buena conducta. Tener un sistema de recompensas también puede crear más estructura y previsibilidad en torno a cuándo y cómo se dan las recompensas. En otras palabras, pueden tener claro qué tipo de comportamientos les hacen merecedores de recompensa, de forma sistemática.

Hay tres pasos que puedes seguir para establecer un sistema de recompensas en casa:

1. Identificar los comportamientos que importan

El primer paso es anotar una lista de comportamientos que le gustaría que se dieran más. Tal vez haya algunos comportamientos que a su hijo le resulten difíciles, como tranquilizarse o cooperar con los demás. Éstos son los comportamientos en torno a los cuales debe basar las recompensas, ya que así animará a su hijo a ser más consciente de sus actos.

Sea claro y directo sobre los comportamientos que hacen que su hijo reciba una recompensa. Por ejemplo, "estar callado" es una expectativa vaga y no da a su hijo suficientes indicaciones. Una expectativa mejor sería decir "usar una voz suave cuando mamá está al teléfono".

2. Elige recompensas que importen

Puede que a su hijo le intrigue la posibilidad de ganar recompensas, pero sólo si éstas merecen la pena. Recuerde que el cerebro de su hijo busca constantemente experiencias que activen la dopamina. Por eso, las recompensas que le ofrezca deben ser emocionantes y especiales. Por ejemplo, concederle 20 minutos más de juego no le parecerá una recompensa, ya que su hijo no aprecia el tiempo como los adultos. Una recompensa más emocionante sería una excursión al parque o a un museo. Todos los niños tienen una sensación de aventura cuando salen de casa y exploran la ciudad, y este tipo de recompensa les resultará gratificante.

También puedes tener en cuenta el tipo de actividades estimulantes que entusiasman a tu hijo, como:

- una cita para jugar

- ver la televisión

- no tener que hacer sus tareas

- elegir qué comida comerán el fin de semana

- visitar un parque temático

- visitar su heladería favorita

- ganar dinero extra

Evite elegir recompensas que sean "demasiado buenas para ser verdad" o imposibles de mantener en el tiempo. Por ejemplo, prometer un piano de concierto por sacar un sobresaliente en un examen de matemáticas es demasiado bueno para ser verdad. También existe el riesgo de que su hijo piense que cada vez que saque un sobresaliente en un examen de matemáticas, tendrá derecho a otro piano de concierto. El objetivo no es ilusionar a tu hijo y no cumplir lo que le prometiste. Por lo tanto, a la hora de decidir las recompensas, piense en cuánto tiempo, dinero y esfuerzo está dispuesto a invertir de forma continuada sin sentir ninguna tensión.

3. Aplique su sistema de recompensas

Por último, su tarea consistirá en hacer cumplir el sistema de recompensas. Pero antes, comente con su hijo los cambios que se avecinan. Hágale saber que está a punto de aplicar un nuevo sistema que le recompensa por portarse bien. Explícale los comportamientos que vas a vigilar y los tipos de recompensas que pueden obtener.

Explique el proceso paso a paso de cómo se dan las recompensas. Por ejemplo, pueden optar a una única ficha (que puede canjearse por una recompensa física) tras repetir el mismo comportamiento deseable tres veces por semana. Utilice diversas herramientas para ilustrar cómo funciona el sistema de recompensas, como dibujos, diagramas, escaleras y pirámides.

Por último, también puede decidir cómo abordar los comportamientos no deseados utilizando su sistema de recompensas. Por ejemplo, cuando su hijo incumpla una de las normas de la casa, puede plantearse restarle puntos como consecuencia. Si le interesa este tipo de estructura, asegúrese de explicar qué tipos de mal comportamiento conducen a la deducción de puntos (una vez más, céntrese en aquellos comportamientos que le gustaría que su hijo abandonara urgentemente). Tenga en cuenta que la deducción de puntos por un comportamiento negativo puede parecer un castigo, dependiendo de su hijo.

Tablas de comportamiento del TDAH

Un gráfico de comportamiento es un tipo de sistema de recompensa adecuado para niños en edad preescolar. Se trata de una representación visual de los comportamientos deseables que dan derecho a recompensa. La razón por la que este sistema es tan eficaz para los niños pequeños se debe a lo sencillo que es seguirlo. Los estudios han demostrado que estos gráficos son eficaces para reducir el comportamiento disruptivo asociado al TDAH (Aly, 2021).

Busca inspiración en Internet a la hora de diseñar tu gráfico. Imprima el gráfico en un papel grande (puede ir un paso más allá y plastificarlo para que dure más). El gráfico debe ser visualmente estimulante (es decir, incorporar muchos colores y fotografías) y fácil de leer.

Por ejemplo, si su hijo aún está aprendiendo a leer, describa el comportamiento deseable utilizando frases cortas y sencillas. En lugar de escribir "He hecho los deberes", puede escribir "He terminado los deberes". Cada vez que su hijo realice un comportamiento deseado, ganará una pegatina. Cuando haya acumulado un número determinado de pegatinas, podrá elegir una recompensa de la lista.

Economía de fichas

La economía de fichas funciona bien con niños mayores, que no necesitan dibujos ni tablas sencillas para entender su sistema de recompensas. Consiste en recompensar un comportamiento deseable con fichas que sirven de "moneda" y pueden canjearse por recompensas físicas. Las fichas pueden ser digitales (por ejemplo, anotando en una hoja de cálculo el número de fichas ganadas) o físicas (por ejemplo, pegatinas, canicas o fichas de madera).

La ventaja de un sistema de fichas es que permite controlar el comportamiento de tu hijo a diario y ofrecerle un refuerzo positivo continuo. Por ejemplo, pueden ganar una ficha por acordarse de hacer la mochila, tender la cama, terminar los deberes en cuanto llegan a casa, etc. Esto también significa que si pierden la oportunidad de ganar una ficha en algún momento, tienen varias oportunidades más para canjearlas.

Para mantener la motivación de su hijo, debe haber un punto en el que pueda canjear sus fichas por un premio física. Lo mejor es sentarse y negociar con su hijo cuándo será ese momento, para que ambos estén de acuerdo. Por ejemplo, si su hijo va ganando fichas en varios momentos a lo largo del día, puede decidir recompensarle al final de la jornada con un premio de su elección, como:

• 15 minutos de pantalla por la noche

• postre después de la cena

• golosinas de su elección en la lonchera

• controlar la lista de reproducción de música en el coche de camino al colegio

• jugar tres rondas de un videojuego con uno de los padres

Si decides recompensarles al final de la semana, puedes considerar las siguientes recompensas:

• hornear juntos

• jugar a su juego de mesa favorito

• salir a su restaurante favorito

• día libre de tareas domésticas

• invitar a un amigo a casa

Los niños mayores tienen más autocontrol que los pequeños, y pueden decidir ahorrar sus fichas para una gran recompensa que sólo llega al cabo de un mes o de varios meses. Ambos tendrán que decidir cuál será esa gran recompensa y cuántas fichas tiene que ganar su hijo para conseguirla. He aquí algunos ejemplos de grandes recompensas:

- comprar un nuevo aparato, como un teléfono móvil

- comprar ropa nueva

- ganar dinero adicional (esto funciona bien si tu hijo tiene un gran objetivo financiero)

Además, ambos pueden decidir cuántas fichas vale cada buen comportamiento. Idealmente, cuanto más deseable sea el comportamiento (por ejemplo, comportamientos que mejoren la gestión del tiempo y la organización), más fichas podrá ganar su hijo. El tipo de recompensa al que puede optar también puede variar en función del número de fichas que haya ganado. Por ejemplo, de 0 a 50 fichas puede optar al "Nivel 1", de 51 a 100 al "Nivel 3", y así sucesivamente.

La economía de fichas también puede dirigirse a los malos comportamientos mediante el refuerzo positivo. En lugar de quitar fichas por portarse mal (aunque esto también es aceptable), ofrezca fichas de bonificación al final del día si el comportamiento no se ha practicado. Para que esta oferta sea más atractiva, haga que estas fichas de bonificación sean el mayor número de fichas que puede ganar cualquier comportamiento (por ejemplo, ganar 10 fichas por no perder los nervios).

A continuación encontrará una tabla básica que le ayudará a llevar un registro diario de las fichas que gana su hijo:

Comportamiento objetivo	Frecuencia de control	Fichas ganadas
Despertar con el despertador a las 06:30 a.m.	Revisar a las 06:35 a.m.	2
Preparar una mochila con todos los libros y deberes necesarios	Revisar la mochila antes de que mi hijo entre en el coche	2
Terminar las tareas por la tarde	Revisar si se han completado las tareas antes de irme a la cama	4
Bonificación: No habla con actitud a padres y hermanos	Control durante las conversaciones a lo largo del día	10
	Total diario:	**0-18 fichas**

Refuerzo positivo con elogios

El halago es una forma maravillosa de influir positivamente en la vida de su hijo y condicionarlo para que repita comportamientos dignos de elogio. Halagar parece sencillo, pero lo cierto es que puedes equivocarte.

Por ejemplo, halagar en exceso a su hijo halagando todo lo que hace puede ser contraproducente. Sus palabras, aunque alentadoras, pueden empezar a perder su significado, y escucharlas no provocará un cambio efectivo en el comportamiento de su hijo. Un ejemplo sería decir "¡Buen trabajo!" después de cada tarea que termine su hijo. En las primeras ocasiones, es muy posible que crea que ha hecho un buen trabajo, pero al cabo de un tiempo, empieza a sonar genérico.

Otro error común es halagar las habilidades innatas de tu hijo, en lugar de su comportamiento positivo. Por ejemplo, si obtiene buenos resultados en un examen, puedes decirle: "¡Qué listo eres!". A primera vista, halagar sus capacidades parece alentador, pero ¿qué ocurre cuando obtienen malos resultados en el siguiente examen? Se dicen a sí mismos que o son listos o no lo son, y basan su autoestima en sus resultados. Esto puede conducir al miedo al fracaso, al perfeccionismo o a la inseguridad.

Los halagos también deben centrarse en los progresos realizados, no en los resultados obtenidos. Notar las pequeñas mejoras de tu hijo es lo que le anima a seguir superándose. Se trata de hacerlo lo mejor posible, no de ser el mejor. En última instancia, los niños necesitan adoptar una mentalidad de crecimiento, en la que vean su vida como un proceso continuo de aprendizaje. Halagar sus logros, por pequeños que sean, puede ayudarles a desarrollar la resiliencia.

Cuando se hace bien, el halago puede potenciar la motivación intrínseca de su hijo y encaminarle hacia la maestría personal. He aquí algunos ejemplos del tipo de elogio que influye positivamente en tu hijo:

1. Halagos sinceros

Enseñamos a los niños que la sinceridad es la mejor política, pero esta norma también se aplica a nosotros. Los halagos no deben dar una imagen falsa de su hijo ni ser incoherentes con la imagen que tiene de sí mismo. Por el contrario, debe basarse en los comportamientos que usted ha visto y desea destacar. Cuando un elogio es demasiado bueno para ser verdad, su hijo puede empezar a dudar de su competencia y volverse autocrítico. Por lo tanto, intente siempre validar lo que su hijo también puede reconocer en sí mismo.

Ejemplo: "Fuiste muy amable al ayudar al otro niño a bajar del columpio".

2. Halagos específicos

¿Has recibido alguna vez un regalo considerado de un amigo o familiar? ¿Cómo se sintió? Me imagino que lo más importante no fue el tamaño del regalo, sino el hecho de que hubieran estado escuchando todo el tiempo. Cuando tu hijo recibe un halago genérico del tipo "¡Has estado genial!", puede parecer poco sincero y como si no hubieras prestado realmente atención a sus acciones. Sería lo mismo que recibir unos calcetines o una corbata por su cumpleaños: buenos regalos, pero ¿qué significado tienen?

Siempre que decida halagar a su hijo, acostúmbrese a describir lo que ha hecho y que es digno de elogio. Sea lo más específico posible, para que sepa qué comportamientos debe repetir la próxima vez. Este tipo de halago no sólo les hará sentirse vistos, sino que además recordarán tus palabras.

Ejemplo: "Me gusta la combinación de colores que has elegido para tu atuendo. Buen ojo".

3. Halagos del progreso

El halago del progreso se centra en los esfuerzos que su hijo realiza cada día para aprender una habilidad, desarrollar un hábito o trabajar para alcanzar un objetivo. Recibir este tipo de elogios puede ser increíblemente motivador, porque su hijo controla la cantidad de esfuerzo que invierte. También puede fomentar una mentalidad de crecimiento que ayudará a su hijo a creer en su capacidad para superar retos, en lugar de centrarse en sus limitaciones.

Ejemplo: "Veo que te esfuerzas mucho por calmarte cuando te sientes molesto".

4. Halago incondicional

El halago nunca debe estar vinculado a sus expectativas como padre o a las expectativas sociales que desea que su hijo cumpla. Debe centrarse en celebrar quién es su hijo y aceptarlo tal como es. El halago incondicional no tiene criterios previos. Por ejemplo, no es necesario que su hijo sea un "buen chico" o saque un sobresaliente en un examen para que se lo agradezca. Además, no pretende que su hijo se convierta en algo que no es.

Por ejemplo, "Sé que puedes hacerlo mejor que esto" crea la expectativa de que su hijo esté a la altura de sus objetivos de rendimiento, no de los suyos. Tampoco reconoce el esfuerzo que ha hecho para llegar a este punto. Un cumplido mejor sería: "Lo has hecho lo mejor que has podido y eso me hace feliz".

5. Halagos espontáneos

Los halagos espontáneos pueden proporcionar a su hijo un fuerte subidón de dopamina. Como no se esperan las palabras de aliento, escucharlas puede resultar mucho más gratificante. Además, los elogios suenan auténticos, ya que se hacen al azar. La mejor forma de elogiar de forma espontánea es prestar atención al comportamiento de tu hijo. Conozca sus cualidades positivas y negativas, lo que le gusta y lo que no, sus miedos y ambiciones, etc. Siempre que notes un cambio positivo, aprovecha para decirle algo.

También puedes encontrar formas creativas de elogiar a tu hijo para no hacerlo siempre de la misma manera. Por ejemplo, en lugar de felicitar a tu hijo, puedes escribirle una pequeña nota, hacerle sus galletas favoritas o darle un fuerte abrazo. Lo importante es ser auténtico, elijas la forma que elijas para elogiar a tu hijo.

Ejemplo: "Me gusta cómo has manejado el conflicto con tus amigos. Demostraste mucha madurez".

Conclusiones del capítulo

- El cerebro del TDAH necesita una estimulación continua para mantener la concentración y la dedicación a las tareas. Esto significa que, a diferencia de los niños neurotípicos, su hijo ansía un flujo constante de motivación para llevar a cabo conductas deseables.

- Una de las formas de asegurarse de que su hijo esté motivado con frecuencia es crear un sistema de recompensas en casa. Las recompensas son una forma increíblemente eficaz de fomentar comportamientos deseables. Proporcionan un incentivo para trabajar en la creación de hábitos saludables.

- Cuando cree un sistema de recompensas, céntrese en las conductas objetivo que deben abordarse con urgencia (conductas que le gustaría que su hijo mejorara) y, a continuación, seleccione las recompensas más adecuadas y los criterios para obtenerlas (por ejemplo, practicar una conducta deseable tres veces a la semana para obtener una recompensa).

- Hay distintos tipos de sistemas de recompensa que funcionan mejor con niños pequeños y mayores. Una tabla de comportamiento es un sistema fácil de seguir que representa visualmente los buenos comportamientos y las recompensas por practicarlos. Una economía de fichas funciona con un sistema monetario y permite a tu hijo mayor ganar e intercambiar fichas diaria o semanalmente por recompensas equivalentes.

- Una forma sencilla pero significativa de recompensar a su hijo con regularidad es halagarlo. Recuerde que no debe caer en la trampa de halagar en exceso, centrarse en las habilidades de su hijo (en lugar de en su comportamiento) o halagar los resultados positivos (en lugar de los progresos). El mejor tipo de halago es el sincero, específico, incondicional y espontáneo.

Capítulo 10:

Ejercicios y temas para el diario

Hay dos legados duraderos que podemos dejar a nuestros hijos. Uno son las raíces. El otro son las alas.
—Hodding Carter, Jr.

Actividades sensoriales de interior

A los niños sensoriales les gusta explorar el mundo que les rodea. No sólo quieren ver con los ojos, sino también tocar, saborear, escuchar y oler todo lo que les ofrece su entorno. Satisfacer la necesidad de estimulación de su hijo puede ser fácil al aire libre, ya que hay mucha naturaleza y acción disponibles. Sin embargo, cuando su hijo está dentro de casa, es posible que se queje con frecuencia de que se aburre o que encuentre formas poco constructivas de pasar el tiempo. Las siguientes actividades son soluciones estupendas para mantener a tu hijo activo y ocupado.

Plastilina

Grupo de edad adecuado: 3-8 años

Instrucciones de uso: La plastilina es una actividad divertida que da rienda suelta a la mente de tu hijo. Además de desarrollar su motricidad fina, también puede potenciar sus habilidades sociales. Hay muchas formas creativas de manipular la plastilina. Por ejemplo, puedes retar a tu hijo a crear una olla de pellizco, hacer personas o comida con plastilina, o hacer sellos y recortes utilizando Lego y diferentes juguetes.

Aunque esta actividad atrae a los niños que disfrutan con el tacto, puede resultar desagradable para los que son sensibles a los olores (la plastilina puede tener un olor fuerte) o a los que les gusta llevarse todo a la boca. Para evitar los desencadenantes, busca en Internet recetas de plastilina fáciles de hacer (con ingredientes comestibles).

Twister

Grupo de edad adecuado: 9-12 años

Instrucciones: El Twister es un juego lleno de energía que también puede servir como un gran ejercicio para usted y su hijo. El objetivo del juego es seguir una serie de instrucciones, indicando a cada jugador dónde debe mover las manos y las piernas. El primer jugador que caiga al suelo queda eliminado. Como el Twister requiere seguir instrucciones, es posible que tengas que familiarizar a tu hijo con las reglas y hacer una práctica para que sepa lo que tiene que hacer.

Piscina de bolas cubierta

Grupo de edad adecuado: 3-8 años

Instrucciones: Si tienes un espacio abierto dentro de tu casa, como un sótano o una habitación vacía, puedes crear tu propia piscina de bolas. Hacer una es increíblemente sencillo: Todo lo que necesitas es una piscina hinchable para niños y pelotas de plástico de tu juguetería más cercana. Esconda algunos juguetes y dulces dentro de la piscina y pídale a su hijo que encuentre todos los que pueda, ¡con los ojos vendados! La piscina de bolas también puede servir para jugar a simular. Por ejemplo, tu hijo puede imaginarse que está dando unos largos en la piscina, bañándose o pescando en un lago.

Pintura con gelatina

Grupo de edad adecuado: 3-8 años

Instrucciones: Para hacer obras de arte que huelan bien y tengan una textura interesante, puedes animar a tu hijo a que pruebe a pintar con gelatina. Hay algunos ingredientes que necesitará antes de empezar, como: unos sobres de la gelatina favorita de su hijo, pegadura blanca, agua y un trozo de cartón duro.

Saca un vaso de plástico por cada sobre de gelatina. Echa 1 cucharadita de gelatina, 1 cucharada de agua y 1 cucharada de pegadura blanca. Mezcla cada vaso hasta obtener una textura pegajosa. Deje caer una cucharadita de cada mezcla sobre puntos aleatorios de la cartulina y, a continuación, dé a su hijo un pincel (o déjele que use los dedos) para crear diferentes trazos y dibujos.

Haz tantas mezclas como necesites para completar la obra de arte y luego déjala secar al aire libre. Tu hijo puede reactivar el olor a gelatina frotando con los dedos la pintura.

Caja sensorial

Grupo de edad adecuado: 3-8 años

Instrucciones de uso: A los niños que buscan sensaciones les encanta tocar y experimentar con las manos. Si no pueden jugar en el jardín con la tierra, ¡puedes crear una caja sensorial igual de estimulante!

Identifica su textura favorita para tocarla y manipularla. Algunas sugerencias son la arena, la harina, los frijoles o el arroz. Compra un recipiente de plástico del tamaño de una caja de zapatos y echa los ingredientes hasta la mitad. Añade algunos juguetes y utensilios al azar que tu hijo pueda utilizar para recoger, apilar y mezclar los elementos.

Ejercicios de autocontrol y sugerencias

El autocontrol ayuda a su hijo a regular sus emociones y a elegir los comportamientos adecuados en situaciones de estrés. En lugar de actuar según sus impulsos, se les condiciona para que se detengan, hagan una pausa y evalúen las decisiones correctas que deben tomar. La mejor manera de enseñar autocontrol es ayudar a tu hijo a reconocer que es responsable de sus actos. A continuación te ofrecemos algunos ejercicios que pueden reforzar esta idea.

Ventajas e inconvenientes

Grupo de edad adecuado: 9-17 años

Instrucciones: Cuando tu hijo tenga que tomar una decisión, pídele que coja un papel y valore los pros y los contras de dos opciones. Los pros son los beneficios que conlleva una determinada opción y los contras son los inconvenientes.

He aquí un ejemplo de cómo sopesar los pros y los contras de dos opciones:

Decisión: ¿Cómo hago frente a un amigo que habla mal de mí a mis espaldas?			
Opción 1: Dejar de hablarles		**Opción 2: quedar para hablar de mis preocupaciones**	
Pros	Contras	Pros	Contras
No tendré que volver a preocuparme de que me traicionen.	No entenderán lo herida que me siento.	Puedo enfrentarme a ellos y expresar lo que siento.	Me pone nervioso abrirme y compartir mis sentimientos.
Puedo darles una lección para que no vuelvan a hablar mal de mí.	Corro el riesgo de perder a un buen amigo.	Puedo establecer límites y dejar claras las consecuencias de la repetición de conductas.	Tengo miedo de que mi amigo se ponga a la defensiva y no me escuche.

Reflexión sobre las decisiones

Grupo de edad adecuado: 13-17 años

Instrucciones: Al final de cada día, pídele a tu hijo que coja su diario y reflexione sobre las decisiones que ha tomado y cómo puede tomar mejores decisiones mañana. A continuación encontrarás algunas preguntas que pueden responder:

1. Escribe tres decisiones que hayas tomado hoy.

2. De las tres, ¿cuál es la *mejor decisión que ha* tomado y por qué?

3. ¿Cómo influyó positivamente la buena decisión en tus pensamientos, sentimientos o comportamientos? Por ejemplo, ¿te ayudó a concentrarte, te hizo sentir confiado o mejoró tu gestión del tiempo?

4. De las tres, ¿cuál es la *peor decisión* que ha tomado y por qué?

5. ¿Cómo afectó negativamente la peor decisión a tus pensamientos, sentimientos o comportamientos? Por ejemplo, ¿te deprimió, creó conflictos entre tú y los demás o promociono malos hábitos?

6. Anota algunas ideas creativas para evitar repetir la peor decisión mañana.

¿Pensarlo o decirlo?

Grupo de edad adecuado: 9-17 años

Instrucciones: No todo lo que piensas es apropiado para decirlo en voz alta. Algunos pensamientos no son útiles ni alentadores ni para ti ni para los demás. Es importante que tu hijo aprenda a decidir qué decir y qué guardarse para sí mismo. Pídale a su hijo que coja cada una de las frases siguientes y las clasifique en la categoría más adecuada: pensarlo o decirlo. Cuando terminen, fíjese en cómo han organizado las frases y si las han colocado en las categorías correctas. Aproveche la oportunidad para hablar de situaciones reales en las que su hijo se encontraría.

1. Tu conjunto está precioso hoy.

2. Hablas raro.

3. No tengo ganas de hablar ahora.

4. No me gustas.

5. No entiendo lo que has dicho.

6. Estoy confundido.

7. Soy más listo que tú.

8. Hueles.

9. ¿Te importa si me siento a tu lado?

10. ¿Te gusto?

Piénsalo	Dilo

Identificación de conductas de autocontrol

Grupo de edad adecuado: 9-17 años

Instrucciones: Otra forma de ayudar a su hijo a tomar conciencia de cómo es el autocontrol es evaluar sus propios comportamientos. Pídale a su hijo que repase la lista de comportamientos que aparece a continuación y que los asigne a la categoría más adecuada. Cuando hayan terminado el ejercicio, compruebe si su clasificación ha sido correcta. Aproveche la oportunidad para discutir por qué estos comportamientos son o no ejemplos de autocontrol.

1. Expresas a alguien lo enfadado que te sientes por su comportamiento y le pides una disculpa.

2. Le gritas a tu madre por retrasar la cena.

3. Tienes un mal día y decides pasar un rato a solas en tu habitación.

4. Alguien te ha hecho enfadar, así que buscas formas de hacer que también se enfaden.

5. Juegas a videojuegos antes de sentarte a hacer los deberes.

6. Interrumpes a tu amigo mientras habla porque te aburres.

7. Das un portazo en la puerta de tu habitación porque estás enfadado.

8. Decides ahorrar dinero para comprar un aparato que te gusta mucho.

9. Dejas claro que alguien no te gusta ignorándolo.

10. Decides no hacer tus tareas porque no te apetece.

Autocontrol	Falta de autocontrol

En control/fuera de control

Grupo de edad adecuado: 9-17 años

Instrucciones: No todo en la vida está bajo nuestro control. Hay ciertas situaciones que su hijo experimentará que están fuera de su control, y algunas que están dentro de su control. Por ejemplo, no puede controlar el tiempo, pero sí la ropa que se pone cada día. Una vez que haya decidido lo que está dentro y fuera de su control, puede aprender a centrarse en los factores que puede arreglar o cambiar. Pide a tu hijo que repase la lista de factores y decida cuáles están dentro o fuera de su control, o ambos. Después, repasen juntos la tabla y discutan.

1. Frecuencia cardíaca (rápida o lenta)

2. Opiniones de los ciudadanos

3. Plazo de presentación de los exámenes

4. Berrinche

5. Ser maltratado por los demás

6. Elegir amigos

7. Concentrarse en una tarea

8. Ir a la universidad después del instituto

9. Hacerse millonario

10. Trabajar duro en la escuela

En Control	Fuera de control	Ambos

Hábitos saludables Ejercicios y sugerencias

Los hábitos saludables promueven comportamientos que pueden ayudar a su hijo a controlar los síntomas del TDAH. Sin embargo, antes de que puedan adoptar hábitos saludables, primero necesitan identificar y reemplazar los malos. Los siguientes ejercicios pretenden ayudar a su hijo a reflexionar sobre sus hábitos e iniciar el proceso de romper los malos hábitos y adoptar los positivos.

Reflexionar sobre los hábitos actuales

Grupo de edad adecuado: 13-17 años

Instrucciones: Piensa en los hábitos diarios que practicas y en cómo influyen en tu vida. Empieza por responder a las siguientes preguntas del diario y, a continuación, elabora una lista de hábitos útiles y perjudiciales.

1. ¿A qué comportamiento/actividad dedica más tiempo al día? Esta actividad, ¿mejora tu vida de alguna manera?

2. ¿Qué comportamientos/actividades dirías que son una pérdida de tiempo (te consumen el tiempo y no aportan ningún crecimiento positivo)?

3. ¿Qué comportamientos/actividades le hacen sentirse sano cada día?

4. ¿Procrastina a menudo? En caso afirmativo, ¿para qué tareas suele procrastinar?

5. ¿Qué mecanismos de afrontamiento te ayudan a calmarte y a sentirte positivo cada día?

_____

_____

_____

_____

6. ¿Practicas algún mal mecanismo de afrontamiento que te ponga de mal humor, fomente comportamientos destructivos o te haga alejarte de la gente?

_____

_____

_____

_____

Después de completar las preguntas del diario, pídale a su hijo que rellene la siguiente tabla creando una lista de hábitos útiles y perjudiciales.

Hábitos útiles	Hábitos nocivos

Hábitos útiles	Hábitos nocivos

Romper el ciclo de hábitos negativos

Grupo de edad adecuado: 13-17 años

Instrucciones: En el Capítulo 5, exploramos las tres etapas de la formación de hábitos: pista, rutina y recompensa. Lo bueno de entender este proceso es que usted puede ayudar a su hijo a romper los malos hábitos. Completen juntos los siguientes pasos:

1. Identifique un mal hábito que su hijo quiera abandonar.

2. Anota el indicio del comportamiento (lo que desencadena que se comporte de esa manera).

3. Anota el paso a paso de la rutina llevada a cabo.

4. Anote la recompensa, o sensación placentera que se recibe tras realizar la rutina.

5. Escribe cinco maneras de evitar la señal/el desencadenante.

6. Escribe cinco comportamientos saludables que puedan reportarte las mismas recompensas deseables.

Describe el mal comportamiento en una frase:	
¿Cuál es el indicio (desencadenante)?	
¿Cuál es la rutina paso a paso?	

¿Cuáles son las recompensas?	
Enumera cinco formas de evitar el desencadenante.	
Enumera cinco comportamientos saludables que puedan reportar las mismas recompensas.	

Copia esta tabla y repite el mismo proceso para otros malos hábitos que quieras abordar.

Planificación de hábitos positivos

Grupo de edad adecuado: 9-17 años

Instrucciones: Adoptar nuevos hábitos requiere mucho compromiso. No sólo hay que entrenar al cerebro para que se comporte de forma diferente, sino que hay que mantenerse animado para hacer lo correcto, incluso cuando se tiene la tentación de volver a caer en el mal comportamiento. Las siguientes preguntas ayudarán a su hijo a crear un plan de hábitos positivos en los que le gustaría trabajar. Cuando termine, coméntale su plan y pregúntale cómo puedes apoyarle.

1. Escribe cinco comportamientos positivos que te gustaría convertir en un hábito.

_____

_____

_____

_____

2. Escribe los beneficios de convertir estos comportamientos en nuevos hábitos. Por ejemplo, ¿cómo imaginas que cambiarán tu vida? ¿Qué puedes ganar?

_____

_____

_____

_____

3. Escribe las consecuencias negativas de no adoptar estos hábitos. Por ejemplo, si estos comportamientos no se convierten en nuevos hábitos, ¿qué perderías? ¿Cómo afectaría negativamente a tu vida?

_____

_____

_____

_____

4. Escriba medidas de acción diarias que le ayuden a mantener su compromiso con estos comportamientos. Asegúrate de que las medidas son lo bastante sencillas como para ponerlas en práctica todos los días.

5. Escriba la señal, la rutina y la recompensa para cada paso de acción que ayudará a su cerebro a recordarlas y a desear practicarlas con regularidad.

    He aquí un ejemplo:

    Nuevo comportamiento: Levantarse a las 06:30 de la mañana entre semana.

    Nuevo paso de acción: Irse a la cama a las 09:30 todas las noches.

    Señal: La alarma suena a las 08:30 p.m.

    Rutina: Ducharme, lavarme los dientes, ponerme el pijama, preparar la ropa para mañana y acostarme.

    Recompensa: Sentirse descansado y con energía por la mañana

6. Enumera tres personas que puedan apoyarte durante el proceso de aprendizaje de este nuevo comportamiento/actividad. Asegúrate de contarles tu plan y lo que piensas hacer cada día para reforzar el comportamiento.

Cuadro de hábitos saludables

Grupo de edad adecuado: 9-17 años

Instrucciones: A partir de los pasos que has dado en el ejercicio anterior, crea una tabla de hábitos que te ayude a practicar esos pasos todos los días. Marca con una cruz cada una de las acciones que hayas llevado a cabo al final del día.

A continuación se muestra un ejemplo de cómo debería ser su gráfico de hábitos:

	Lun	Martes	Mie	Jueves	Vie
Acostarse a las 09:30 p.m.					
Sentado en mi escritorio durante 15 minutos					
Respirar hondo cuando estoy enojado					
Escribir sobre mi día en mi diario					
Dejar hablar a los demás sin interrumpirles					

Ejercicios de comunicación

Las habilidades comunicativas desempeñan un papel importante en el desarrollo de su hijo. No sólo le ayudan a articular sus propios pensamientos y sentimientos, sino que también pueden ayudar a construir y alimentar las relaciones con los demás. Los siguientes ejercicios comparten algunas técnicas divertidas que pueden mejorar las habilidades comunicativas de tu hijo.

Teléfono

Grupo de edad adecuado: 3-8 años

Instrucciones: Reúne a la familia y sentaos en círculo. Asegúrate de que estáis lo suficientemente cerca como para susurrar al oído de la persona de al lado. Una persona empieza el juego repitiendo una frase corta al oído de su vecino. El mensaje pasa de una persona a otra hasta llegar al último jugador. El último jugador comparte el mensaje en voz alta y el objetivo es ver lo parecido que suena al mensaje original.

Contar historias con imágenes

Grupo de edad adecuado: 3-8 años

Instrucciones: Hojee una revista o un libro ilustrado sin texto y pida a su hijo que cree una historia sobre lo que está ocurriendo en cada foto. Pueden mencionar el lugar, la acción que está teniendo lugar, las emociones de cada personaje y lo que creen que ocurrirá a continuación.

Mirroring

Grupo de edad adecuado: 9-17 años

Instrucciones: Siéntate frente a tu hijo y decide quién va a ser el seguidor y quién el líder. El líder coge un montón de tarjetas con etiquetas de diferentes emociones. Sin revelar la tarjeta, su reto es hacer la mímica de la emoción utilizando sus expresiones faciales (estrictamente sin palabras). El seguidor debe adivinar qué emoción está imitando. Tras unas cuantas rondas, los papeles se intercambian y el líder se convierte en seguidor, y viceversa. Este juego pretende ayudar al niño a reconocer la comunicación no verbal.

Puños

Grupo de edad adecuado: 9-17 años

Instrucciones: Cierra una mano en un puño y reta a tu hijo a que te haga abrir el puño. Sin embargo, el truco consiste en no utilizar la agresión (por ejemplo, abriendo el puño), sino la comunicación asertiva. Por ejemplo, "¡Abre el puño!" no tendrá éxito, pero "Por favor, abre el puño" sí. Diviértete animando a tu hijo a experimentar con distintas frases asertivas.

Escenarios de script DESO

Grupo de edad adecuado: 13-17 años

Instrucciones: En el capítulo 7, hablamos de una técnica de comunicación asertiva conocida como guión DESO. Este guión puede utilizarse para expresar preocupaciones, establecer límites y resolver conflictos con las personas. Los siguientes escenarios presentan situaciones de la vida real en las que puede encontrarse su hijo. Anímale a que escriba las mejores respuestas utilizando el guión DESO.

1. Estás en un restaurante muy concurrido y el camarero tarda mucho en llegar a tu mesa. ¿Cómo le responderías utilizando el guión DESO?

_____

_____

_____

2. Tu profesor te devuelve un examen corregido que, en tu opinión, debería haber obtenido una nota más alta. ¿Cómo expresas tu preocupación utilizando el script DESO?

_____

_____

_____

3. Uno de tus amigos se burla de ti delante de un grupo de gente. ¿Cómo puedes expresar tus sentimientos utilizando el guión DESO?

_____

_____

_____

4. Tus padres te han asignado una tarea que no te gusta. ¿Cómo puedes negociar con ellos utilizando el guión DESO?

_____

_____

_____

_____

5. Estás en un espacio público y un desconocido se te acerca demasiado. ¿Cómo puedes poner límites utilizando el guión DESO?

_____

_____

_____

Conclusión

A veces los padres son un canal hacia la sociedad en general, a veces son un escudo frente a ella. Lo ideal es que actúen como filtros, guiando a sus hijos y enseñándoles a evitar la basura tentadora.

—Dra. Louise Hart

Educar a un niño hiperactivo e impulsivo no es tarea fácil. A veces, te sentirás abrumada por la necesidad constante de vigilar el comportamiento de tu hijo en casa y en el colegio, por la necesidad de prestar mucha atención a los desencadenantes sensoriales a los que puede estar expuesto y por tener que responder con delicadeza a los frecuentes arrebatos emocionales.

Sin embargo, lo que es importante recordar, especialmente en esos momentos en los que su energía se está agotando y usted también está a punto de tener un ataque de nervios, es que los síntomas del TDAH no definen a su hijo. Detrás de esos síntomas hay un ser humano que lucha por expresar sus necesidades. Quizá si supiera decir "estoy cansado" o "no me siento seguro aquí", controlaría mejor sus emociones e impulsos.

No puedes cambiar a tu hijo, ni puedes quitarle su hiperactividad o impulsividad, pero puedes enseñarle a autorregularse y a responsabilizarse de sus actos. En cada etapa de la vida, su hijo puede aprender nuevas habilidades cognitivas, emocionales y sociales. Tu trabajo como padre es introducir, enseñar y reforzar esas habilidades utilizando estrategias adecuadas a su edad. Practicar una vez no basta para convertir un comportamiento deseable en un hábito. Se necesitan innumerables prácticas -y refuerzos positivos- para conseguir que el niño practique el comportamiento deseado por sí mismo.

El propósito de esta guía es ayudarle a ver el TDAH hiperactivo-impulsivo desde una perspectiva diferente, y a sentirse más seguro de su capacidad para criar a un niño sano, feliz y responsable. Las estrategias presentadas en este libro promueven principios de crianza positiva que han resultado eficaces para ayudar a los niños con TDAH a modificar sus conductas.

La verdad es que su hijo desea ser bueno, pero necesita un apoyo adicional para aprender cómo es el "buen comportamiento" y cómo y cuándo debe practicarlo. Tú eres el mejor mentor para preparar a tu hijo para la edad adulta y enseñarle todo lo que necesita saber para navegar por la vida.

Si ha disfrutado de la lectura, ¡deje una reseña!

Sobre el autor

Richard Bass es un reconocido autor con amplios conocimientos y experiencia en discapacidades infantiles. Richard también ha conocido de primera mano a muchos niños y adolescentes que sufren depresión y ansiedad. Disfruta investigando técnicas e ideas para atender mejor a los estudiantes, así como orientando a los padres sobre cómo entender y conducir a sus hijos hacia el éxito.

Richard quiere compartir su experiencia, sus investigaciones y sus prácticas a través de sus escritos, ya que han dado buenos resultados a muchos padres y alumnos.

Richard cree que es necesario que los padres y otras personas que rodean al niño comprendan plenamente su discapacidad o su salud mental. Espera que con sus escritos la gente sea más comprensiva con los niños que pasan por estos problemas.

Richard Bass lleva más de una década en el mundo de la educación y posee una licenciatura y un máster en educación, así como varias certificaciones, entre ellas Educación Especial K-12 y Administración Educativa.

Siempre que Richard no está trabajando, leyendo o escribiendo, le gusta viajar con su familia para conocer distintas culturas y obtener ideas de todas partes sobre la educación de los niños, especialmente los discapacitados. Richard también investiga y aprende sobre distintos sistemas educativos de todo el mundo.

Richard participa en varios grupos en línea donde padres, educadores, médicos y psicólogos comparten sus éxitos con niños discapacitados. Richard está en proceso de crear un grupo en Facebook en el que se puedan debatir más a fondo sus libros y técnicas. Aparte de los grupos en línea, también ha asistido a cursos de formación sobre la educación de alumnos con discapacidad y ha dirigido cursos de formación en este ámbito.

Mensaje del autor

Si te ha gustado el libro y estás interesado en más actualizaciones o simplemente en un lugar donde compartir tus opiniones con otros lectores o conmigo mismo, ¡únete a mi grupo de Facebook escaneando a continuación!

Si estás interesado en recibir un Planificador para niños GRATIS en versión PDF, al inscribirte también recibirás notificaciones exclusivas cuando se publiquen nuevos contenidos y podrás recibirlos a un precio promocional. ¡Escanea abajo para registrarte!

Echa un vistazo a mi contenido en You Tube y aprende más sobre la neurodiversidad.

Referencias

Ackerman, C. (2017, 3 de febrero). 25 Actividades divertidas de mindfulness para niños y adolescentes (¡+consejos!). PositivePsychology.com. https://positivepsychology.com/mindfulness-for-children-kids-activities/

Aly. (2021, 5 de agosto). Tablas de comportamiento del TDAH. Goally. https://getgoally.com/blog/adhd-behavior-charts/

Astray, T. (2020, 19 de marzo). Herramienta de comunicación: Confrontación asertiva y establecimiento de límites con el guion DESO. Tatiana Astray. http://www.tatianaastray.com/managing-relationships/2020/3/18/communication-tool-assertive-confrontation-and-boundary-setting-with-the-deso-script

AZ Quotes. (s.f.). Las 25 mejores frases sobre habilidades sociales (de 51). A-Z Quotes. https://www.azquotes.com/quotes/topics/social-skills.html

Bailey, E. (2008, 8 de noviembre). Uso de economías de fichas para ayudar a controlar el comportamiento. Health Central. https://www.healthcentral.com/article/using-token-economies-to-help-manage-behavior

Borba, M. (2012, 26 de enero). 7 Trucos para ayudar a las madres estresadas a relajarse. Today.com. https://www.today.com/parents/7-tricks-help-stressed-moms-chill-out-1c7397996

Equilibrio Cerebral. (s.f.). Ideas de integración sensorial para conductas de búsqueda sensorial. Www.brainbalancecenters.com.

https://www.brainbalancecenters.com/blog/sensory-integration-ideas-for-a-sensory-seeker

Branson, R. (2017, 22 de marzo). Todo el mundo es un genio. Virgin.com. https://www.virgin.com/branson-family/richard-branson-blog/everybody-genius

Brown, T. E. (2022, 20 de junio). Emociones exageradas: Cómo y por qué el TDAH desencadena sentimientos intensos. ADDitude. https://www.additudemag.com/slideshows/adhd-emotions-understanding-intense-feelings/#:~:text=%E2%80%9CChallenges%20with%20processing%20emotions%20start

Clínica Clarity. (2020, 11 de abril). Autocalmante 101: Calma tus ansiedades. Clarity Clinic. https://www.claritychi.com/self-soothing-anxieties-away/

Coste, B. (s.f.). Parenting quotes on discipline: On loving unconditionally. Www.positive-Parenting-Ally.com. https://www.positive-parenting-ally.com/quotes-on-discipline.html

Cullins, A. (2022a, 8 de octubre). 7 Maneras de ayudar a los niños a afrontar los grandes cambios de la vida. Big Life Journal. https://biglifejournal.com/blogs/blog/help-kids-cope-big-life-changes

Cullins, A. (2022b, 22 de octubre). Estrategias clave para enseñar empatía a los niños (ordenadas por edad). Big Life Journal. https://biglifejournal.com/blogs/blog/key-strategies-teach-children-empathy#:~:text=5-7%20Years

Danneman, I. (2021, 16 de septiembre). Cómo calmar a un niño buscador sensorial: Descansos SPD para niños sensibles.

Www.additudemag.com. https://www.additudemag.com/sensory-break-ideas/

Davies, L. (s.f.). Assertiveness training for children. Www.kellybear.com. https://www.kellybear.com/TeacherArticles/TeacherTip74.html

Day, A. N. (2020, 21 de abril). Guía: Enseñar a los niños la comunicación asertiva frente a la agresiva. Raising an Extraordinary Person. https://hes-extraordinary.com/communication-assertive-vs-aggressive

Donvito, T. (2022, 2 de diciembre). 8 cumplidos que tienes que dejar de hacer a tus hijos. Reader's Digest. https://www.rd.com/list/compliments-that-are-hurtful/

Duhigg, C. (2011). Cómo funcionan los hábitos. Charles Duhigg. https://charlesduhigg.com/how-habits-work/

Rendición de cuentas. (2017). Hoja de trabajo de formación de hábitos. En Eccountability. https://eccountability.io/wp-content/uploads/2017/05/Habit-Formation-Worksheet.pdf?x30826

Gill, T., & Hosker, T. (2021, 10 de febrero). Cómo el TDAH puede estar afectando las habilidades sociales de su hijo y qué puede hacer usted para ayudarlo. Www.foothillsacademy.org. https://www.foothillsacademy.org/community/articles/adhd-social-skills#:~:text=When%20children%20with%20ADHD%20enter

Buenas lecturas. (s.f.-a). Una cita de Mente divergente. Www.goodreads.com. https://www.goodreads.com/quotes/10380093-high-stimulation-is-both-exciting-and-confusing-for-people-with

Buenas lecturas. (s.f.-b). Elogiar a los niños citas (1 cita). Www.goodreads.com. https://www.goodreads.com/quotes/tag/praising-children

Gordon, A. M., & Barnes, C. M. (2020, 31 de marzo). Cómo los padres que trabajan pueden priorizar el sueño. Harvard Business Review. https://hbr.org/2020/03/how-working-parents-can-prioritize-sleep#:~:text=Good%20sleep%20may%20also%20be

Gracias, A. (2018, 24 de abril). La autoconversación positiva: Formas de enseñar a tus hijos, beneficios de la autoconversación. Www.parentcircle.com. https://www.parentcircle.com/how-to-teach-children-positive-self-talk/article

Green, R. (2022, 6 de agosto). ADHD Symptom spotlight: Sobreestimulación. Verywell Mind. https://www.verywellmind.com/adhd-symptom-spotlight-overstimulation-5323859

Happy Publishing. (s.f.). 61 citas de autocontrol que pueden cambiar tu vida. Happy Publishing. https://www.happypublishing.com/blog/self-control-quotes/

Hill, L. (2019, 9 de julio). Transformando los hábitos: Cómo ayudar a un niño a centrarse en el aula. Blog.revibetech.com. https://blog.revibetech.com/transforming-habits-how-to-help-a-child-focus-in-the-classroom

Gimnasio Hot Ground. (2022, 2 de febrero). 8 Formas efectivas de canalizar la energía de tu hijo. Www.hotgroundgym.com. https://www.hotgroundgym.com/blog/8-effective-ways-to-channel-your-childs-energy

Jackson, C. (2022, 15 de mayo). Cómo utilizar un sistema de recompensas para un niño con TDAH. Www.joonapp.io.

https://www.joonapp.io/post/reward-system-for-adhd-child

Jellinek, M. S. (2010, 1 de mayo). No dejes que el TDAH aplaste la autoestima de los niños. Www.mdedge.com. https://www.mdedge.com/psychiatry/article/23971/pediatr ics/dont-let-adhd-crush-childrens-self-esteem

Kessler, Z. (2022, 27 de enero). ¿Sobreestimulado por la vida? 20 Maneras de dar a sus sentidos TDAH un descanso. ADDitude. https://www.additudemag.com/overstimulation-sensory-overload-strategies-adhd/

Sepa lo que le espera Las 8 etapas del desarrollo social en los niños. (2011, 10 de septiembre). Instituto de Desarrollo Infantil. https://childdevelopmentinfo.com/child-development/erickson/

Lack, E. (2022, 18 de noviembre). ¿Cuál es tu estilo de disciplina? Parenting. https://www.greatschools.org/gk/articles/what-is-your-discipline-style/

Lancia, G. (2021, 1 de julio). 12 Self-control activities for kids (incl. worksheets). PositivePsychology.com. https://positivepsychology.com/self-control-for-kids/#techniques

Lehman, J. (s.f.). Enseñe responsabilidad a su hijo - 7 consejos para empezar. Empowering Parents. https://www.empoweringparents.com/article/teach-your-child-responsibility-7-tips-to-get-started/

Li, P. (2022, 24 de octubre). 6 maneras probadas de animar a los niños eficazmente (sin efectos secundarios). Parenting for Brain. https://www.parentingforbrain.com/words-of-encouragement-for-kids/

Pasitos. (2020, 19 de octubre). En el vientre materno. Pasitos. https://littlesteps.co.za/in-the-womb/#:~:text=A%20natural%20self%2Dsoothing%20beh aviour

Littman, E. (2022, 18 de mayo). Estimulación cerebral y TDAH/TDAH: Antojos y regulación. Www.additudemag.com. https://www.additudemag.com/brain-stimulation-and-adhd-cravings-dependency-and-regulation/#:~:text=Key%20aspects%20of%20the%20rewa rd

Low, K. (2022, 19 de abril). Por qué los niños con TDAH necesitan estructura (y cómo proporcionársela). Verywell Mind. https://www.verywellmind.com/why-is-structure-important-for-kids-with-adhd-20747#:~:text=Tener%20una%20rutina%20puede%20bene ficiar

Matteson, N. (2018, 24 de julio). TDAH y transiciones: El cambio es duro; cómo afrontarlo. Www.healthyplace.com. https://www.healthyplace.com/blogs/livingwithadultadhd/2018/7/adhd-and-transitions-change-is-tough-how-to-deal-with-it

Mcleod, S. (2018). Las etapas del desarrollo psicosocial de Erik Erikson. Simply Psychology. https://www.simplypsychology.org/Erik-Erikson.html

Merriam-Webster. (2019). Definición de energía. Merriam-Webster.com. https://www.merriam-webster.com/dictionary/energy

Miller, C. (2023, 12 de enero). TDAH y problemas de conducta. Child Mind Institute. https://childmind.org/article/adhd-behaviorproblems/#:~:text=Tantrums%20and%20defiance%20are%20not

Miller, K. (2019, 21 de mayo). *39 Juegos y actividades de comunicación para niños y estudiantes.* PositivePsychology.com. https://positivepsychology.com/communication-activities-adults-students/#kindergarten

Morin, A. (s.f.). *8 Sensory-friendly indoor games and activities.* Www.understood.org. https://www.understood.org/en/articles/8-sensory-friendly-indoor-games-and-activities

Naik, A. (2022, 6 de enero). *Cómo enseñar a tus hijos a retrasar la gratificación y por qué es importante.* Vaya Henry. https://www.gohenry.com/us/blog/financial-education/how-to-teach-your-kids-to-delay-gratification-and-why-it-matters

Diccionarios Oxford para estudiantes. (2023). *Disciplina.* Www.oxfordlearnersdictionaries.com. https://www.oxfordlearnersdictionaries.com/definition/english/discipline_1

Popova, M. (2017, 25 de septiembre). *El coraje de ser uno mismo: E.E. Cummings on art, life, and being unafraid to feel.* The Marginalian. https://www.themarginalian.org/2017/09/25/e-e-cummings-advice/#:~:text=%E2%80%9CTo%20be%20nobody%2Dbut%2D

Roth, E., & Weiss, K. (2021, 14 de octubre). *Tipos de TDAH: Inatento, hiperactivo-impulsivo y más.* Healthline. https://www.healthline.com/health/adhd/three-types-adhd#causes

Schwartz, B. (2022, 25 de noviembre). Self-soothing: What it is, benefits, and techniques to get started. Choosing Therapy. https://www.choosingtherapy.com/self-soothing/

Seymour, K. E., Macatee, R., & Chronis-Tuscano, A. (2016). Tolerancia a la frustración en jóvenes con TDAH. Journal of Attention Disorders, 23(11), 1229-1239. https://doi.org/10.1177/1087054716653216

Shanker, S., y Barker, T. (2017). Autorregulación: Cómo ayudar a tu hijo (y a ti) a romper el ciclo del estrés y afrontar la vida con éxito. Penguin Books. https://www.amazon.com/Self-Reg-Child-Stress-Successfully-Engage/dp/0143110411

Sippl, A. (2020, 26 de junio). Funcionamiento ejecutivo y comportamiento desafiante. Lifeskillsadvocate.com. https://lifeskillsadvocate.com/blog/executive-functioning-challenging-behavior/

Smith, D. (2021, 19 de julio). 3 Claves para empezar una rutina y los pasos para construirla. This Wondrous Life. https://thiswondrouslife.com/twl/3-keys-to-starting-a-routine-and-the-steps-to-building-one

Spina Horan, K. (2021, 30 de diciembre). Disparadores sensoriales furtivos del TDAH de los que nadie habla. Www.psychologytoday.com. https://www.psychologytoday.com/za/blog/the-reality-gen-z/202112/sneaky-sensory-triggers-in-adhd-no-one-talks-about

Strong, R. (2022, 11 de septiembre). ¿Puede el TDAH afectar a tu empatía? Healthline. https://www.healthline.com/health/adhd/adhd-and-empathy#signs-of-low-empathy

Stutman, M. (2016, 11 de noviembre). Grandes citas de empatía para niños y estudiantes. InspireMyKids. https://inspiremykids.com/great-empathy-quotes-kids-students-children/#:~:text=%E2%80%9CEmpathy%20grows%20as%20we%20learn.

Stutman, M. (2021, 21 de septiembre). ¡El poder del hábito! Grandes citas sobre hábitos para niños. InspireMyKids. https://inspiremykids.com/great-habit-quotes-for-kids/

Sword, R. (2021, 6 de septiembre). Cómo animar a los niños a expresar sentimientos y emociones. High Speed Training. https://www.highspeedtraining.co.uk/hub/how-to-encourage-children-to-express-feelings/

Twitter. (2022, 2 de julio). Cita de ADDitude en Twitter. Twitter. https://twitter.com/ADDitudeMag/status/1543263665008287744

Equipo Understood. (s.f.). Entendiendo el trastorno de procesamiento sensorial. Www.understood.org. https://www.understood.org/en/articles/understanding-sensory-processing-issues

Colaboradores editoriales de WebMD. (2021, 14 de junio). Síntomas del TDAH. WebMD. https://www.webmd.com/add-adhd/childhood-adhd/adhd-symptoms#091e9c5e80008077-1-3

Zapata, K. (2021, 29 de octubre). El agotamiento parental: Qué es y cómo afrontarlo. Healthline. https://www.healthline.com/health/parenting/parental-burnout

Referencias de imágenes

Burton, K. (2021a). Padre negro con hijo tapándose la boca con la mano en el sofá [Imagen en línea]. En Pexels. https://www.pexels.com/photo/black-father-with-son-covering-mouth-with-hand-on-sofa-6624428/

Burton, K. (2021b). Desperate screaming young boy [Imagen en línea]. En Pexels. https://www.pexels.com/photo/desperate-screaming-young-boy-6624327/

Cameron, J. M. (2020). Foto de mujer enseñando a su hijo mientras sonríe [Imagen online]. En Pexels. https://www.pexels.com/photo/photo-of-woman-teaching-his-son-while-smiling-4145355/

Danilyuk, P. (2021). Hombre jugando con niño sobre alfombra [Imagen en línea]. En Pexels. https://www.pexels.com/photo/man-playing-with-boy-on-carpet-8763039/

Fischer, M. (2020). Niños sentados junto a una estantería [Imagen online]. En Pexels. https://www.pexels.com/photo/kids-sitting-beside-a-bookshelves-5211434/

Fring, G. (2021). Bombero dando el gato a un adorable niño [Imagen en línea]. En Pexels. https://www.pexels.com/photo/fireman-giving-the-cat-to-an-adorable-boy-7155808/

Grabowska, K. (2021). A boy writing on a book [Imagen en línea]. En Pexels. https://www.pexels.com/photo/a-boy-writing-on-a-book-6958518/

Holmes, K. (2020). Niño afroamericano pensativo con bloc de notas [Imagen en línea]. En Pexels.

https://www.pexels.com/photo/pensive-african-american-kid-with-notepad-5905894/

Producción Kampus. (2021a). *Una madre hablando con su hijo* [Imagen en línea]. En Pexels. https://www.pexels.com/photo/a-mother-talking-to-her-child-7078729/

Producción Kampus. (2021b). *Un niño y su madre dibujando juntos* [Imagen en línea]. En Pexels. https://www.pexels.com/photo/a-boy-and-her-mother-drawing-together-7417143/

Karpovich, V. (2020). *Un niño abrazando a sus padres* [Imagen en línea]. En Pexels. https://www.pexels.com/photo/a-boy-hugging-his-parents-4609093/

Krukau, Y. (2020a). *Encantador niño barriendo el pavimento de hormigón con un palo de escoba* [Imagen en línea]. En Pexels. https://www.pexels.com/photo/charming-child-sweeping-concrete-pavement-with-broomstick-4458033/

Krukau, Y. (2020b). *Una mujer sentada en una cama con su hijo* [Imagen en línea]. En Pexels. https://www.pexels.com/photo/a-woman-sitting-on-a-bed-with-her-son-6210214/

Mas, A. (2020). *Niño feliz de pie cerca de tronco* [Imagen en línea]. En Pexels. https://www.pexels.com/photo/happy-little-boy-standing-near-trunk-5623720/

Monstera. (2021). *Cultivo irreconocible de padre negro disciplinando a su adorable y atento hijo en casa* [Imagen online]. En Pexels. https://www.pexels.com/photo/crop-unrecognizable-black-father-disciplining-adorable-attentive-son-at-home-7114233/

Nilov, M. (2021a). A man and young boy brushing teeth together [Imagen en línea]. En Pexels. https://www.pexels.com/photo/a-man-and-young-boy-brushing-teeth-together-8307422/

Nilov, M. (2021b). Foto de un niño pelirrojo sosteniendo una manta blanca [Imagen en línea]. En Pexels. https://www.pexels.com/photo/photo-of-a-boy-with-red-hair-holding-a-white-blanket-8654431/

Pidvalnyi, O. (2022). Un niño durmiendo con su osito de peluche [Imagen en línea]. En Pexels. https://www.pexels.com/photo/a-boy-sleeping-with-his-teddy-bear-12955638/

Producciones Rodnae. (2021a). A young boy taking picture with his mother [Imagen en línea]. En Pexels. https://www.pexels.com/photo/a-young-boy-taking-picture-with-his-mother-6849308/

Producciones Rodnae. (2021b). A cute little boy holding plush toys [Imagen en línea]. En Pexels. https://www.pexels.com/photo/a-cute-little-boy-holding-plush-toys-8363720/

Samkov, I. (2022). Un niño en mangas largas grises jugando juguetes en sus manos [Imagen en línea]. En Pexels. https://www.pexels.com/photo/a-boy-in-gray-long-sleeves-playing-toys-on-his-hands-8504379/

www.ingramcontent.com/pod-product-compliance
Lightning Source LLC
Chambersburg PA
CBHW061157120626
46546CB00005B/2096